監修　国土交通省大臣官房官庁営繕部整備課

建築設計基準及び同解説　平成18年版

社団法人　公共建築協会

刊行にあたって

　「建築設計基準」は、「官公庁施設の建設等に関する法律」に基づき定められている「官庁施設の位置、規模及び構造に関する基準」に基づき施設整備を行うため、「官庁施設の基本的性能基準」に定める性能の水準を満たすための標準的な手法及びその他の技術的事項を定め、官庁施設として有すべき性能を確保することを目的としております。

　同基準は、平成3年度に、それまでの「庁舎設計標準」に「官庁営繕における身体障害者の利用を考慮した設計指針」及び「構内緑化設計指針」を組み入れて、体系的に取りまとめられ、さらに、平成9年度に「高齢者、身体障害者等が円滑に利用できる特定建築物の建築の促進に関する法律」及び阪神・淡路大震災の教訓を踏まえて制定された「官庁施設の総合耐震計画基準」を反映させて制定されました。

　国土交通省大臣官房官庁営繕部では、「官庁施設の基本的性能基準」の改定及び「官庁施設のユニバーサルデザインに関する基準」の制定に合わせるとともに、「建築改修設計基準」を組み入れ、平成18年「建築設計基準」の改定を行いました。

　（社）公共建築協会では、この改定された「建築設計基準」を分かりやすく解説し、さらに、参考となる資料等を編集して、「建築設計基準及び同解説（平成18年版）」として、本書を刊行することとなりました。

　本書は、官庁施設のみならず、一般の施設の設計にも十分使える内容となっており、本書が広く活用され、日常の設計業務の一助となることを期待しています。

　本書の編集に当たり、ご協力いただきました関係各位に、深く感謝申し上げます。

平成18年10月

社団法人　公共建築協会
会長　　照井　進一

建 築 設 計 基 準

目　　　次

本文ページ

第1章 総　　則
- 1.1　目　的 ……………………………………………………………………………… 1
- 1.2　適用範囲 …………………………………………………………………………… 1
- 1.3　用　語 ……………………………………………………………………………… 1

第2章 基本方針
- 2.1　基本方針 …………………………………………………………………………… 2
- 2.2　配置計画 …………………………………………………………………………… 2
- 2.3　平面・動線計画 …………………………………………………………………… 2
- 2.4　高齢者、障害者等への配慮 ……………………………………………………… 3
- 2.5　設備設計に対する配慮 …………………………………………………………… 3
- 2.6　コストに対する配慮 ……………………………………………………………… 4
- 2.7　地域の特性に対する配慮 ………………………………………………………… 4

第3章 設　　計
- 3.1　外構設計 …………………………………………………………………………… 5
    - 3.1.1　敷地の出入口 ……………………………………………………………… 5
    - 3.1.2　構内通路等 ………………………………………………………………… 5
    - 3.1.3　駐車場 ……………………………………………………………………… 6
    - 3.1.4　車いす使用者用駐車施設 ………………………………………………… 6
    - 3.1.5　屋外傾斜路 ………………………………………………………………… 6
    - 3.1.6　排水溝等 …………………………………………………………………… 7
    - 3.1.7　緑化 ………………………………………………………………………… 7
    - 3.1.8　憩いの空間 ………………………………………………………………… 7
- 3.2　外部設計 …………………………………………………………………………… 7
    - 3.2.1　外部に面する建築非構造部材 …………………………………………… 7
    - 3.2.2　外壁等 ……………………………………………………………………… 8
    - 3.2.3　積雪に対する屋根及びひさしの安全性の確保等 ……………………… 8
    - 3.2.4　外部床の凍結防止等 ……………………………………………………… 8
    - 3.2.5　換気口等 …………………………………………………………………… 8
    - 3.2.6　ルーフドレン、とい等 …………………………………………………… 8
    - 3.2.7　付属物 ……………………………………………………………………… 8
- 3.3　各室設計 …………………………………………………………………………… 9
    - 3.3.1　事務室 ……………………………………………………………………… 9
    - 3.3.2　上級室 ……………………………………………………………………… 9

	本文ページ

3．3．3　固有業務室 ·· 9
3．3．4　会議室 ·· 9
3．3．5　コンピュータ室 ·· 10
3．3．6　OA機器等の事務機器室 ·· 10
3．3．7　電話交換諸室（中継台室、交換機室、休憩室等） ······························ 10
3．3．8　書庫 ·· 10
3．3．9　倉庫 ·· 10
3．3．10　受付及び守衛室 ·· 11
3．3．11　宿直室 ·· 11
3．3．12　防災センター ·· 11
3．3．13　一般の便所及び洗面所 ·· 11
3．3．14　多機能便所 ·· 11
3．3．15　湯沸室 ·· 12
3．3．16　ゴミ置場 ·· 12
3．3．17　浴室及び脱衣室 ·· 12
3．3．18　食堂及び厨房 ·· 13
3．3．19　医務室 ·· 13
3．3．20　設備関係諸室（機械室、電気室、発電機室、中央監視室等） ·················· 13
3．3．21　玄関 ·· 14
3．3．22　玄関ホール ·· 14
3．3．23　階段 ·· 15
3．3．24　エレベーター及びエレベーターホール ······································ 15
3．3．25　廊下 ·· 16
3．3．26　内部出入口 ·· 16
3．3．27　屋内傾斜路 ·· 16
3．3．28　自動車車庫 ·· 17
3．3．29　自転車置場 ·· 17
3．3．30　喫煙スペース ·· 17
3．3．31　その他 ·· 17
3．4　仕上げの選定 ·· 17
3．5　各部・詳細設計 ·· 18
3．5．1　手すり ·· 18
3．5．2　カウンター ·· 18
3．5．3　扉 ·· 18
3．6　案内・表示 ·· 19
3．6．1　共通事項 ·· 19
3．6．2　外部表示 ·· 19
3．6．3　内部表示 ·· 20
3．6．4　案内図記号 ·· 21
3．6．5　視覚障害者誘導用ブロック等 ·· 21
3．6．6　点字表示 ·· 21

第4章 改修設計

本文ページ

 4.1 基本方針 …………………………………………………………… 23
 4.2 建築物の外部の劣化に伴う改修 ………………………………… 23
 4.3 高齢者、障害者等の円滑な利用を考慮した改修 ……………… 23
 4.4 耐震改修 …………………………………………………………… 23
 4.5 環境負荷の低減のための改修 …………………………………… 23

別表1 上級室のタイルカーペット等の有無 ………………………………… 24

別表2 外部仕上げ表 …………………………………………………………… 25

別表3 内部仕上げ表 …………………………………………………………… 26

建築設計基準及び同解説

目　　次

弟1章 総　　則　　　　　　　　　　　　　　　　　　　　　　　　　　解　説
　　　　　　　　　　　　　　　　　　　　　　　　　　　　　　　　　　　ページ
　1.1　目　的 ……………………………………………………………………… 29
　1.2　適用範囲 …………………………………………………………………… 29
　1.3　用　語 ……………………………………………………………………… 30

弟2章 基本方針
　2.1　基本方針 …………………………………………………………………… 31
　2.2　配置計画 …………………………………………………………………… 31
　2.3　平面・動線計画 …………………………………………………………… 32
　2.4　高齢者、障害者等への配慮 ……………………………………………… 33
　2.5　設備設計に対する配慮 …………………………………………………… 33
　2.6　コストに対する配慮 ……………………………………………………… 34
　2.7　地域の特性に対する配慮 ………………………………………………… 35

弟3章 設　　計
　3.1　外構設計 …………………………………………………………………… 36
　　3.1.1　敷地の出入口 ………………………………………………………… 36
　　3.1.2　構内通路等 …………………………………………………………… 36
　　3.1.3　駐車場 ………………………………………………………………… 40
　　3.1.4　車いす使用者用駐車施設 …………………………………………… 40
　　3.1.5　屋外傾斜路 …………………………………………………………… 42
　　3.1.6　排水溝等 ……………………………………………………………… 43
　　3.1.7　緑化 …………………………………………………………………… 44
　　3.1.8　憩いの空間 …………………………………………………………… 44
　3.2　外部設計 …………………………………………………………………… 45
　　3.2.1　外部に面する建築非構造部材 ……………………………………… 45
　　3.2.2　外壁等 ………………………………………………………………… 45
　　3.2.3　積雪に対する屋根及びひさしの安全性の確保等 ………………… 45
　　3.2.4　外部床の凍結防止等 ………………………………………………… 46
　　3.2.5　換気口等 ……………………………………………………………… 46
　　3.2.6　ルーフドレン、とい等 ……………………………………………… 46
　　3.2.7　付属物 ………………………………………………………………… 47
　3.3　各室設計 …………………………………………………………………… 47
　　3.3.1　事務室 ………………………………………………………………… 47
　　3.3.2　上級室 ………………………………………………………………… 48

解説ページ

　　　3.3.3　固有業務室 ································· 48
　　　3.3.4　会議室 ··································· 48
　　　3.3.5　コンピュータ室 ······························ 49
　　　3.3.6　ＯＡ機器等の事務機器室 ························ 49
　　　3.3.7　電話交換諸室（中継台室、交換機室、休憩室等） ······ 49
　　　3.3.8　書庫 ···································· 50
　　　3.3.9　倉庫 ···································· 50
　　　3.3.10　受付及び守衛室 ······························ 50
　　　3.3.11　宿直室 ··································· 50
　　　3.3.12　防災センター ······························· 51
　　　3.3.13　一般の便所及び洗面所 ·························· 51
　　　3.3.14　多機能便所 ································ 52
　　　3.3.15　湯沸室 ··································· 58
　　　3.3.16　ゴミ置場 ·································· 58
　　　3.3.17　浴室及び脱衣室 ······························ 58
　　　3.3.18　食堂及び厨房 ································ 58
　　　3.3.19　医務室 ··································· 59
　　　3.3.20　設備関係諸室（機械室、電気室、発電機室、中央監視室等） ··· 59
　　　3.3.21　玄関 ···································· 60
　　　3.3.22　玄関ホール ································ 61
　　　3.3.23　階段 ···································· 62
　　　3.3.24　エレベーター及びエレベーターホール ············· 64
　　　3.3.25　廊下 ···································· 66
　　　3.3.26　内部出入口 ································ 68
　　　3.3.27　屋内傾斜路 ································ 68
　　　3.3.28　自動車車庫 ································ 69
　　　3.3.29　自転車置場 ································ 69
　　　3.3.30　喫煙スペース ······························· 70
　　　3.3.31　その他 ··································· 71
　3.4　仕上げの選定 ···································· 71
　3.5　各部・詳細設計 ··································· 73
　　　3.5.1　手すり ···································· 73
　　　3.5.2　カウンター ································· 75
　　　3.5.3　扉 ······································ 77
　3.6　案内・表示 ····································· 80
　　　3.6.1　共通事項 ··································· 80
　　　3.6.2　外部表示 ··································· 80
　　　3.6.3　内部表示 ··································· 81
　　　3.6.4　案内図記号 ································· 82
　　　3.6.5　視覚障害者誘導用ブロック等 ······················ 82
　　　3.6.6　点字表示 ··································· 85

解説ページ

第4章 改修設計
    4.1 基本方針 ·· 87
    4.2 建築物の外部の劣化に伴う改修 ································ 87
    4.3 高齢者、障害者等の円滑な利用を考慮した改修 ············ 88
    4.4 耐震改修 ·· 88
    4.5 環境負荷の低減のための改修 ···································· 88

資 料
    資料 1　官庁施設整備に関する基準 ································ 91
    資料 2　関係法令 ·· 92
    資料 3　寒地・標準地・暖地の範囲 ································ 97
    資料 4　断熱材の設置例 ·· 98
    資料 5　防水層種別選定の目安 ······································ 105
    資料 6　高齢者、障害者等の利用を考慮した設計資料 ······ 106
    資料 7　点字表示に関する資料 ······································ 114
    資料 8　案内図記号に関する資料 ·································· 117
    資料 9　開口部の熱負荷に関する資料 ···························· 121
    資料10　屋上緑化に関する資料 ···································· 132

建 築 設 計 基 準

国営整第 158 号
平成 18 年 3 月 31 日

建 築 設 計 基 準

第 1 章　　総　　則

1.1　目的

　この基準は、建築設計及び外部環境設計に関し、「官庁施設の基本的性能基準」（平成 18 年 3 月 31 日国営整第 156 号、国営設第 162 号）に定める性能の水準を満たすための標準的な手法及びその他の技術的事項を定め、官庁施設として有すべき性能を確保することを目的とする。

1.2　適用範囲

　この基準は、官庁施設のうち庁舎及びその附帯施設の建築設計及びこれらの外部環境設計に適用する。

1.3　用語

(1) 庁　　　　舎　　官公庁施設の建設等に関する法律（昭和 26 年法律第 181 号。以下「官公法」という。）第 2 条第 2 項に規定される庁舎をいう。

(2) 合　同　庁　舎　　官公法第 2 条第 3 項に規定される合同庁舎をいう。

(3) 総　合　庁　舎　　同一の省庁の 2 以上の部局の長が使用する庁舎をいう。

(4) 大　規　模　庁　舎　　延べ面積が 2,250 ㎡以上の庁舎をいう。

(5) 窓口業務を行う官署　　来庁者に対し、直接サービスを提供する官署をいう。

(6) 高齢者、障害者等　　高齢者又は障害者で日常生活又は社会生活に身体の機能上の制限を受ける人、その他日常生活又は社会生活に身体の機能上の制限を受ける人をいう。

(7) 寒　　冷　　地　　次のいずれかに該当する地域をいう。
　① 1 月の月平均気温が 0℃以下の地域
　② ひと月の日最低気温の月平均値が-5℃以下の地域
　③ 暖房度日数 $D_{18\text{-}18}$ が 2,500℃Day 以上の地域

(8) 多　　雪　　地　　建築基準法施行令（昭和 25 年政令第 338 号）第 86 条第 2 項に基づき、特定行政庁により指定された多雪区域をいう。

第2章　　基本方針

2.1　基本方針

(1) 庁舎は、国民の共有財産として、親しみやすく、便利でかつ安全なものとする。さらに、長期的な視野のもとで、施設の特性及び地域性に応じた多様性及び柔軟性の高いものとするとともに、良好で健全な環境の形成及び文化の創造に寄与するものとする。
(2) 来庁者の利便、職員の健康の維持及び公務の能率の向上が図られるよう、適切な平面計画及び室内環境の確保のほか、ゆとりと潤いのある空間づくり等に配慮する。

2.2　配置計画

(1) 入居官署の機能及び周辺環境を考慮し、庁舎、駐車場、構内通路、緑地等を適切に配置する。
(2) 庁舎、駐車場等の適切な配置により、敷地の有効利用を図る。
(3) 庁舎、駐車場等への経路が分かりやすい配置計画とする。
(4) 歩行者等及び自動車の動線は、できる限り交差しないよう配慮することとし、必要に応じて、主動線のほかに、施設の維持管理等を考慮し、サービス用の動線等を確保する。
(5) 歩行者等の動線は、遠まわりとならないよう配慮する。
(6) 高齢者、障害者等を含むすべての来庁者が、できる限り同じ経路により庁舎の主要な出入口等まで移動できるよう動線を確保する。
(7) 地域との連携についても考慮しつつ、建築物のセットバック、オープンスペースの集約化、緑地の確保等により、ゆとりのある外部空間をつくり出すよう配慮する。
(8) 施設の用途、規模及び立地に応じた駐車場の確保について考慮する。
(9) 必要に応じて、将来の増築スペース等の確保について考慮する。

2.3　平面・動線計画

(1) 各室の機能、業務内容等を十分考慮して、分かりやすく、利便性の高い平面・動線計画とする。特に、窓口業務を行う官署が入居する庁舎等においては、窓口又は受付までの動線の分かりやすさ、移動の容易さ、安全性等に十分配慮することとし、高齢者、障害者等を含むすべての来庁者が、できる限り同じ経路により窓口又は受付まで移動できるよう動線を確保する。
(2) 来庁者が利用する範囲と立ち入りを制限する範囲を区分けするとともに、来庁者、職員、物品等の搬出入、廃棄物の搬出等の動線を適切に分離する。
(3) 避難経路は、簡明なものとし、関係法令に定められる場合以外についても、二方向避難の確保を考慮する。また、窓口業務を行う事務室がある階に直接地上に通ずる出入口がない場合は、想定される救助の方法等により必要に応じて、当該階に車いす使用者等が一時避難する場所を確保する等高齢者、障害者等の避難に配慮する。
(4) 窓口業務を行う官署又は部署のうち、来庁者の多い官署又は部署を低層階に配置する。
(5) 合同庁舎又は総合庁舎において、各階は、できる限り同一の官署でまとめ、異なる官署

を混在させない。
(6) 合同庁舎又は総合庁舎において、共同で利用することが望ましい室等は、できる限り共用化する。
(7) 室の用途等により必要に応じて、多様な利用形態、予想される機能の変更等を考慮し、適切にフレキシビリティを確保する。
(8) 移動式書架等の重量物を設置する又は設置が予想される場合は、設置位置を設定し、荷重を考慮する。
(9) 給排水、ガス、排気等の設備を必要とする諸室又は事務室と使用時間帯の異なる諸室は、それぞれできる限り集約的に配置する。
(10) 和室、火気使用室等は、できる限り独立した防火区画とする。
(11) 騒音又は振動を発生するおそれのある室は、できる限り居室から離れた位置に配置する。
(12) 配管スペース、配線スペース及びダクトスペースは、垂直及び水平の連絡並びに保全性を考慮した適切な位置に配置する。
(13) 施設の維持管理のための清掃、保守、点検等が効率的かつ安全に行えるように、作業又は搬出入のためのスペースを確保する等配慮する。

2.4 高齢者、障害者等への配慮

(1) 「官庁施設のユニバーサルデザインに関する基準」（平成 18 年 3 月 31 日国営整第 157 号、国営設第 163 号）に基づき、高齢者、障害者等を含むすべての施設利用者が、できる限り円滑かつ快適に利用できるものとする。
(2) 施設の特性の考慮の考え方については、不特定かつ多数の人が利用する施設は、高齢者、身体障害者等が円滑に利用できる特定建築物の建築の促進に関する法律（平成 6 年法律第 44 号。以下「ハートビル法」という。）により定められる利用円滑化誘導基準を、その他の施設は、同法により定められる利用円滑化基準を満たすものとするほか、第 3 章によることを基本とし、更に各施設の実情を勘案しつつ適切に配慮する。

2.5 設備設計に対する配慮

(1) 外壁、開口部等からの熱損失、熱取得等の防止により、建築設備への負荷の抑制に配慮する。
(2) 各種設備容量等の設定に必要となる収容人員等の使用条件については、適切な設定となるよう配慮する。
(3) 設備関係諸室は、設備の運転効率及び設備関係諸室のスペースの効率化に配慮して、適切に配置する。
(4) 照明機器、吹出口等居室に設置する設備については、適切な室内環境の確保とともに、室の用途等に応じて、室空間のフレキシビリティ、意匠性、空間性等について配慮する。
(5) スイッチ、コンセント等については、事務機器等のレイアウトのほか、施設又は室の用途等に応じて利用者及び利用方法を考慮し、使いやすい設置位置、形状等について配慮する。

2.6 コストに対する配慮

(1) 建築物の躯体、仕上げ、設備、外構等についての工事費の適正な配分とともに、ライフサイクルコストの適正化について配慮する。
(2) 材料等は、品質、性能、施工方法、価格、市場性等を十分考慮したものとし、できる限り既製品、規格品等とする。
(3) スパン割り、階高、外部建具の寸法及び割りつけ等は、必要な機能性及びフレキシビリティを確保するとともに、経済的合理性を十分考慮したものとする。
(4) 部材又は詳細の標準化又は簡略化、省力化を図った工法の採用等によるコスト縮減について考慮する。

2.7 地域の特性に対する配慮

寒冷地又は多雪地においては、積雪、雪害、凍結又は凍害に対する安全性及び機能の確保を考慮する等地域の気候風土、都市環境等の特性については別途考慮して、適切に必要な措置を講ずる。

第3章　　設　計

3.1　外構設計

3.1.1　敷地の出入口

(1) 道路から分かりやすく、安全を考慮した位置に設けるとともに、自動車の出入り等が分かるよう見通しを確保する。
(2) 道路と構内の歩行者用通路との境界に、車いす使用者の通過を妨げるような段を設けない。
(3) 構内の歩行者用通路に、敷地境界を示す点状ブロック等（視覚障害者誘導用ブロック等のうち点状突起のものをいう。以下同じ。）を敷設する。
(4) 施設計画上やむを得ない場合を除き、できる限り敷地の境界又は庁舎の周囲に門又は囲障を設けない等開放的なデザインとするよう配慮する。

3.1.2　構内通路等

(1) 構内通路は、原則として車路と歩行者用通路を分け、できる限り交差させない。やむを得ず交差が生じる場合には、見通しを確保する。
(2) 道路等から庁舎の主要な出入口まで、車いす使用者用駐車施設から庁舎の出入口まで等の歩行者用通路（以下「主要な歩行者用通路」という。）には、原則として、段を設けない。やむを得ず段を設ける場合は、傾斜路又は車いす使用者用特殊構造昇降機を併設する。なお、段は3.3.23(3)から(8)に準じた構造とし、傾斜路は3.1.5による。また、その他の歩行者用通路についても、できる限り段を設けない。
(3) 窓口業務を行う官署が入居する庁舎、合同庁舎又は大規模庁舎の場合においては、主要な歩行者用通路の幅員は、180cm以上とする。
(4) 歩行者用通路は、降雨、降雪、凍結等による歩行者等の転倒を防止するため、濡れても滑りにくいように、表面を粗面とし、又は滑りにくい材料で仕上げることとし、必要に応じて、ひさし等の設置について考慮する。
(5) 主要な歩行者用通路には、道路等からの出入口から庁舎の窓口、受付等までの経路に、線状ブロック等（視覚障害者誘導用ブロック等のうち線状突起のものをいう。以下同じ。）及び点状ブロック等を適切に組み合わせて敷設する。また、手すり又は触知による案内を必要に応じて設置する等視覚障害者の誘導及び注意喚起に配慮する。
(6) 歩行者用通路の歩行者等が車路に近接する部分には、点状ブロック等を敷設する。
(7) 歩行者用通路の切り下げ部の縁端は、車いす使用者が通過可能であるとともに、視覚障害者が認知できるよう配慮する。
(8) 必要に応じて、施設の維持管理、機器類の搬出入等を考慮したサービス用の通路を設ける。
(9) 車路の舗装材料は、自動車の通行に対する耐久性を考慮したものとする。
(10) 主要な歩行者用通路等については、魅力的な空間となるよう、必要に応じて、舗装のデザイン、周囲の植栽、修景施設の設置等について考慮する。

3.1.3 駐車場

(1) 駐車場は、敷地の有効利用を考慮し、適切に配置する。特に窓口業務を行う官署が入居する又は公共交通機関の利用が不便な場合については、効率的な駐車台数の確保、周辺環境に配慮した車路の配置等について考慮する。
(2) 植栽、舗装材料等による景観形成について考慮する。
(3) 必要に応じて、機械式駐車装置の設置について考慮する。

3.1.4 車いす使用者用駐車施設

(1) 窓口業務を行う官署が入居する庁舎、合同庁舎又は大規模庁舎の場合においては、全駐車台数が200以下の場合は、当該駐車台数に50分の1を乗じて得た数以上、また、全駐車台数が200を越える場合は、当該駐車台数に100分の1を乗じて得た数に2を加えた数以上の車いす使用者用駐車施設を設ける。
(2) 平らな場所に設ける。
(3) 庁舎の出入口のできるだけ近くに設ける。
(4) 車いす使用者用駐車施設から庁舎の出入口までの通路は、利用者が安全に通行できるよう、車路と分離し、必要に応じて、ひさし等の設置について考慮する。
(5) 車いす使用者用駐車施設の1台あたりの幅は、350cm以上とする。
(6) シンボルマークの立札、路面表示等により、車いす使用者用である旨を分かりやすく表示する。また、乗降用スペースには、斜線を路面に表示する。
(7) 道路からの出入口から車いす使用者用駐車施設まで誘導する案内表示を、必要に応じて設ける。

3.1.5 屋外傾斜路

(1) 主要な歩行者用通路に設置する屋外傾斜路(以下「主要な屋外傾斜路」という。)の幅は、150cm以上とする。ただし、階段に併設する場合は、120cm以上とすることができる。また、勾配は、15分の1以下とする。
(2) 勾配が20分の1を超える主要な屋外傾斜路には、上端、下端及び高さ75cm以内ごとに、また、曲がり部分、折り返し部分及び他の通路との交差部分に、踏幅150cm以上の踊場を設ける。
(3) 路面は、濡れても滑りにくいように、粗面とし、又は滑りにくい材料で仕上げる。
(4) 路面は、その前後の通路との色の明度の差が大きいこと等により、屋外傾斜路の存在を容易に識別できるものとする。
(5) 高さが16cmを超え、かつ、勾配が20分の1を超える部分には、両側に手すりを設けることとし、主要な屋外傾斜路については、原則として、2段手すりとする。
(6) 主要な屋外傾斜路の手すりは、踊場についても連続して設置し、始終端には十分な長さの水平部分を設ける。
(7) 主要な屋外傾斜路の手すりの端部に、現在位置、誘導方向等を示す点字表示を、必要に応じて行う。

(8) 側壁がない場合は、脱輪防止等のため、屋外傾斜路の側端に立上りを設ける。
(9) 屋外傾斜路の上端に近接する部分には、点状ブロック等を敷設する。ただし、勾配20分の1以下、又は高さ16cm以下かつ勾配12分の1以下の場合については、この限りではない。

3.1.6 排水溝等

(1) 歩行者等の動線経路上にある排水溝等の蓋は、杖先、キャスター等が落ち込まない構造のものとし、濡れても滑りにくい材料で仕上げる。
(2) 自動車が通過する部分に設置する排水溝等は、自動車による荷重を考慮したものとする。

3.1.7 緑化

(1) 緑化面積の敷地面積に対する割合（以下「緑化率」という。）は、20%以上とすることを目標とする。
(2) 緑化率は、地上部の緑化により確保することを基本とし、都市部等で地上部の緑化のみで緑化率を確保できない場合は、屋上緑化等について考慮する。
(3) 緑化面積（緑化率が20%に満たない場合は、緑化率を20%として算出した面積）の50%以上を樹木とする、その一部を高木とする等効果的な配植及び樹種の選定に配慮する。
(4) 地域の環境特性、景観等に加え、植栽の育成管理について配慮する。
(5) 必要に応じて、散水設備の設置について考慮する。

3.1.8 憩いの空間

(1) 窓口業務を行う官署が入居する庁舎、合同庁舎又は大規模庁舎の場合においては、地域との連携に配慮しつつ、敷地の出入口付近等外部からも利用しやすい位置に休憩スペースを設ける。
(2) 休憩スペースは、魅力的な空間となるよう配慮する。

3.2 外部設計

3.2.1 外部に面する建築非構造部材

(1) 外部に面する建築非構造部材の材料及び工法は、大地震動時の変形、経年劣化等によってはく落しないよう十分考慮したものとする。
(2) 2階以上の外壁等にタイルを使用する場合は、次に掲げる事項を考慮して、はく落による危険の防止を図る。
　① 各階ごと又は最下階に有効なひさしを設ける。
　② 各階ごと又は最下階に有効なひさしを設けない場合は、建築物の周囲に植込等を設け、人が壁面等に近づかないようにするとともに、出入口等通路となる箇所には、有効なひさしを設ける。
(3) 見上げ面、ひさしの鼻等に仕上げを行う場合の材料及び工法は、はく落しないよう十分

考慮したものとする。

3.2.2　外壁等
(1) 屋根及び外壁の断熱について考慮する。
(2) 下階がピロティ、車庫、機械室等となる居室等については、床版下の断熱について考慮する。
(3) 必要に応じて、窓、出入口等の開口部又は接地床の断熱について考慮する。
(4) 過大な日射の進入を防ぐため、必要に応じて、窓等の日射遮蔽について考慮する。
(5) ガラス等の外壁面による日射の反射の近隣への影響に配慮する。
(6) ヒートブリッジの防止等により、屋外に面する壁及び建具の結露の防止又は低減を図るとともに、結露水の処理について考慮する。

3.2.3　積雪に対する屋根及びひさしの安全性の確保等
(1) 必要に応じて、傾斜屋根等は、氷雪の落下による危険の防止を考慮する。
(2) 必要に応じて、凍結等による、屋根、ひさし、パラペット等の端部等の損傷の防止を考慮する。

3.2.4　外部床の凍結防止等
　必要に応じて、ポーチ、傾斜路等の外部床は、凍結防止及び凍上による損傷の防止を考慮する。

3.2.5　換気口等
(1) 給気口及び排気口、冷却塔及び煙突等は、十分な距離を確保して配置する。
(2) 換気口及び換気ガラリについては、風、雨又は雪の吹き込みの防止を考慮する。
(3) 煙突等は、稼働時の安全性を考慮して、位置、高さ等を設定する。

3.2.6　ルーフドレン、とい等
(1) ルーフドレンの数及び径は、最大降水量、屋根面積等を考慮したものとし、余裕ある処理水量を確保する。
(2) といについては、必要に応じて、結露又は凍結の防止を考慮する。
(3) 地下室、地下ピット等を設ける場合は、浸水防止を十分考慮する。

3.2.7　付属物
(1) 玄関付近には、必要に応じて、くつふきマットを設ける。なお、くつふきマットを設ける場合は、床と同一面となるよう配慮する。

(2) 屋外掲示板は、その目的に応じて、道路、歩行者用通路等から見やすいように設ける。
(3) けん垂幕用取付け金物は、掲示物が道路等から見やすい位置に、必要に応じて設ける。
(4) 郵便受け、新聞受け又は旗竿受け金物は、使いやすい位置に設ける。

3.3 各室設計

＜執務室関係＞

3.3.1 事務室

(1) 窓口業務を行う事務室等不特定かつ多数の人が利用する事務室は、利用者の利便を考慮して、原則として、庁舎の主要な出入口がある階に設ける。
(2) 機能上又は執務効率上支障のない限り、大部屋とし、フレキシビリティを確保する。
(3) 窓口には必要に応じてカウンターを設け、待合いと執務を行う部分は一体感のあるものとする。
(4) 天井高は、原則として、2.6 m以上とする。
(5) 快適な執務環境の確保及び執務効率のよい事務機器等のレイアウトに配慮する。
(6) フリーアクセスフロアの設置、ＶＤＴ作業を考慮した照明等ＯＡ機器の設置環境の確保に配慮する。
(7) 書架等を設ける場合は、鋼製とし、地震動により転倒又は移動しないように、壁又は床に固定する。

3.3.2 上級室

(1) タイルカーペット、カーテン等及び洗面器の有無は、原則として、別表1による。
(2) 遮音について十分考慮する。

3.3.3 固有業務室

業務内容に応じた合理的なものとする。

＜付属室関係＞

3.3.4 会議室

(1) 不特定かつ多数の人が利用する会議室は、交通部分より直接出入りできる位置に設けるとともに、便所及び湯沸室の利用しやすさに配慮する。
(2) 不特定かつ多数の人が利用する会議室については、防災及び避難について特に考慮する。
(3) 室内の吸音及び遮音について十分考慮する。
(4) 必要に応じて、多様な利用形態、他の機能との共用等を考慮し、フレキシビリティを確保する。
(5) 視聴覚機器の利用を考慮した暗幕用カーテンボックス、スクリーンボックス、機器の設置のための下地等のほか、白板、ピクチャーレール等を、必要に応じて設ける。
(6) 机、椅子等の収納スペース、移動間仕切等を、必要に応じて設ける。

3.3.5 コンピュータ室

(1) 地震等の災害、部外者の侵入等に対する安全性の確保を十分考慮する。
(2) コンピュータ室の出入口及び機器の搬出入経路は、機器の寸法を考慮したものとするほか、必要に応じて、搬出入用バルコニーを設ける。
(3) 床は、機器配線を考慮してフリーアクセスフロアとし、フリーアクセスフロア上は帯電防止を、配線スペースは防じんを考慮した仕上げとする。
(4) 室内の吸音及び隣接室等に対する遮音について十分考慮する。
(5) 断熱及び結露防止を考慮する。
(6) 浸水又は上部等からの漏水の防止を十分考慮する。

3.3.6 OA機器等の事務機器室

(1) 事務機器の種類及び利用状況に応じて、利便性を考慮し、事務室内又は事務室の近くに設ける。
(2) 適切なコンセントの配置、OA機器の使用を考慮した照明設備、フリーアクセスフロア等による配線経路の確保等OA機器の設置環境の確保に配慮する。
(3) 室内の吸音及び隣接室等に対する遮音について十分考慮する。

3.3.7 電話交換諸室（中継台室、交換機室、休憩室等）

(1) 中継台が必要な場合は、騒音の少ない位置に設け、吸音及び遮音について十分考慮する。
(2) 小規模な中継台室には、休憩スペースを設ける。
(3) 大規模な電話交換の場合は、中継台室、交換機室、電池室又は休憩室を、必要に応じて設ける。

3.3.8 書庫

(1) 耐火書庫は、他の部分と防火区画する。
(2) 防湿及び防露について考慮する。
(3) 床は、防じんを考慮したものとする。
(4) 書架は、結露防止を考慮し、原則として、外壁に接して配列しない。
(5) 書架は、鋼製とし、地震動により転倒又は移動しないように、壁又は床に固定する。

3.3.9 倉庫

(1) 用紙又は事務用品を収納する倉庫は、事務室の近くに設ける。
(2) 用途により必要に応じて、防湿及び防露について考慮する。
(3) 用途により必要に応じて、床は、防じんを考慮したものとする。
(4) 棚を設ける場合は、鋼製とし、地震動により転倒又は移動しないように、壁又は床に固定する。

3.3.10 受付及び守衛室

(1) 案内のための受付を設ける場合は、庁舎の主要な出入口の玄関ホールに面した位置に設ける。
(2) 守衛室は、庁舎への出入りを管理しやすい位置に設ける。

3.3.11 宿直室

(1) 夜間、庁舎を管理しやすい位置に設ける。
(2) 夜間受付用インターホン、テレビ受信用アウトレット及び火災報知等の警報設備の設置に配慮する。

3.3.12 防災センター

原則として、避難階で、かつ、庁舎を管理しやすい位置に設ける。

3.3.13 一般の便所及び洗面所

(1) 便所は、男女別とする。
(2) 男子便所及び女子便所に、各々1個以上の洋風便器の便房を設け、男子便所に、1個以上の床置式の小便器その他これに類する小便器（以下「床置式小便器」という。）を設ける。また、庁舎の主要な出入口のある階又は窓口業務を行う階の男子便所の床置式小便器には、1個以上に手すりを設ける。
(3) 必要に応じて、手すりを設けた便房を設ける。
(4) 庁舎の主要な出入口のある階又は窓口業務を行う階の男子便所及び女子便所の洗面スペースの洗面器には、1個以上に手すりを設ける。ただし、洗面カウンターを設ける場合は、十分に補強することにより、これに代えることができる。
(5) 通路から内部が見通されないよう配慮する。特に扉を設けない場合は、十分留意した平面計画とする。また、屋外からも見通されないよう配慮する。
(6) 床面は、濡れても滑りにくい材料で仕上げる。
(7) 清掃方法を湿式とする場合等については、床は、防水及び排水を考慮したものとする。
(8) 掃除用流し及び掃除具入れを設ける。

3.3.14 多機能便所

(1) 主要階には、原則として、車いす使用者及びその他の多様な利用者の利用を考慮した多機能便所を各階に一箇所以上設ける。
(2) 多機能便所は、一般の便所と一体的に又は近接して設置する。
(3) 出入口の幅は、90cm以上とする。
(4) 戸は引き戸として、自動式とするか、開閉が容易なよう配慮する。
(5) 車いす使用者が円滑に利用できる空間を確保する。

(6) 床面は、濡れても滑りにくい材料で仕上げる。
(7) 清掃方法を湿式とする場合等については、床は、防水及び排水を考慮したものとする。
(8) 移動、便座への移乗等に配慮して、手すりを設ける。
(9) ペーパーホルダー、洗浄弁の押しボタン、呼出ボタン等は、使いやすく、分かりやすい位置に配置する。
(10) 庁舎の主要な出入口のある階、窓口業務を行う階その他利用者の多い階等については、施設又は当該階の用途、機能等に応じて、適切に次に掲げる設備等を付加する。なお、窓口業務を行う官署が入居する庁舎においては、原則として、各々一箇所以上に、次に掲げる①及び②の設備を付加する。
　① オストメイト用の汚物流し等
　② 大人が使用できる大型ベッド
　③ 乳幼児用ベッド
　④ 乳幼児用イス
(11) 多機能便所を複数設置する場合は、左右の使い勝手又は付加する設備等が異なるものを適切に設置する。
(12) 介助者の同伴について考慮する。
(13) 多機能便所の出入口付近の分かりやすい位置に、便所内に設けている機能について表示する。

3.3.15　湯沸室

(1) 各事務室から便利な位置に設ける。
(2) 清掃方法を湿式とする場合等については、床は、防水及び排水を考慮したものとする。
(3) 必要に応じて、流し台、こんろ台、吊り戸棚、水切り棚、換気フード等を設置し、備品等の設置スペースを確保する。

3.3.16　ゴミ置場

(1) ゴミの搬出経路を考慮した位置に設ける。
(2) ゴミの分別収集を考慮したスペースを確保する。

3.3.17　浴室及び脱衣室

(1) 天井面の結露防止及び結露水の処理について考慮する。
(2) 浴室の床は、防水及び排水を考慮したものとする。
(3) 浴室又は脱衣室の床面は、濡れても滑りにくい材料で仕上げる。
(4) 脱衣室には、脱衣箱又は洗面器具を、必要に応じて設ける。

＜厚生関係諸室＞

3.3.18 食堂及び厨房

(1) 食堂は、利用しやすく、執務環境を損なわない位置に設ける。
(2) 施設の実情に応じたサービス方法を考慮する。
(3) 利用者の滞留するショーケース、レジ及びカウンターの周辺は、十分なスペースを確保する。
(4) カウンターの材料は、熱、水及び摩耗に強いものとする。
(5) 関係法令等に従い、又は必要に応じて、食堂職員専用の更衣室又は便所、食品庫等を設ける。
(6) 食堂職員専用の更衣室、便所等には、原則として、前室を設ける。
(7) 厨房は、隣室及び下階に対する遮音について十分考慮する。
(8) 厨房関係諸室間の動線は、原則として、共用部を経由しないものとする。
(9) 原材料の搬入及び厨芥等の搬出の経路の確保について考慮する。
(10) 厨房は、業務形態を考慮し、円滑なサービスができる厨房機器等の配置に配慮する。
(11) 厨房は、汚染区域、非汚染区域を明確にし、食材、食器、ゴミ等の流れを十分考慮した配置とする。
(12) 厨房は、防虫、防鼠、防臭等を考慮したものとする。
(13) 厨房の床は、掃除しやすく、かつ、滑りにくい材料で、壁は汚れにくい材料で仕上げる。
(14) 清掃方法を湿式とする場合等については、厨房の床は、防水及び排水を考慮したものとし、排水勾配を適切に確保する。
(15) 排水溝は、厨芥、グリース等が付着しにくい仕上げとし、排水勾配を適切に確保する。
(16) 厨房排水槽については、腐食対策を考慮する。

3.3.19 医務室

(1) 職員の健康診断のためのスペースを、必要に応じて確保する。
(2) 騒音又は振動が少ない位置に設けるとともに、遮音について考慮する。
(3) 外部から見通されないよう配慮する。
(4) 床は、耐薬品性を考慮したものとする。

＜設備関係諸室＞

3.3.20 設備関係諸室（機械室、電気室、発電機室、中央監視室等）

(1) 収容する機器に応じて、必要な天井高及び梁下の高さを確保するとともに、荷重を考慮する。
(2) 機器の搬出入経路及び保守点検スペースを確保する。
(3) 中央監視室、控室等を、必要に応じて設ける。なお、地階に設ける場合は、避難の確保を十分に考慮する。
(4) 電気室、発電機室又は配線室は、浸水により機能を損なわないよう十分考慮する。直上には、原則として水を使用する室を配置しないこととし、やむを得ず配置する場合は、防水処理を十分に行う。また、給排水管、ガス管又は油管が電気室等を通過しないよう配慮

する。

(5) 設備機器からの騒音又は振動の伝搬を抑制するため、必要に応じて、防振基礎の設置、壁の吸音性又は遮音性の確保等の対策を講ずる。

(6) 機械室、電気室等の扉は、避難を考慮して、原則として、外開きとする。なお、機械室には、二箇所以上の出入口を設ける。

(7) 床は、防じんを考慮したものとする。

(8) 蓄電池室の床は、設置する蓄電池の種類により必要に応じて、耐酸性等を考慮したものとする。

(9) 非常用照明の電源が蓄電池別置型の場合、このための分電盤を設置する配線室は、防火区画したものとする。

<交通部分>

3.3.21　玄関

(1) 庁舎の主要な出入口は、原則として、一箇所とする。ただし、合同庁舎又は総合庁舎において、次に掲げる場合は、必要に応じて、専用出入口を設ける。
　　① 窓口業務を行う官署のうち、来庁者の多い官署が入居する場合
　　② 人権上の配慮を要する官署が入居する場合
　　③ 24時間業務体制の官署が入居する場合

(2) 庁舎の主要な出入口は、幅120cm以上でスライド式自動扉とする。また、風除室は、地域性、風向き等を考慮し、適切に設ける。

(3) その他の出入口は、幅90cm以上とし、車いす使用者が容易に開閉して通過できる構造とする。

(4) 出入口周辺の床面は、濡れても滑りにくいように、粗面とし、又は滑りにくい材料で仕上げる。

(5) 出入口には、車いす使用者の通過の支障となる段を設けず、出入口の前後には十分な広さの水平部分を確保する。

(6) 雨天時の出入りに配慮し、出入口には、原則として、ひさしを設ける。

(7) 出入口の大きなガラス面は、十分な安全性を持つものとするとともに、ガラス面の存在を識別できるよう配慮する。また、杖、車いす等の衝突によってガラスが破損しないよう、下框の高さの設定等に配慮する。

(8) 夜間に使用する出入口付近は、安全に通行できるよう照明の設置等に配慮する。

(9) 受付を設けない場合等は、玄関付近に呼出し設備を設け、呼出し設備まで視覚障害者誘導用ブロック等を敷設する。

3.3.22　玄関ホール

(1) 玄関から分かりやすい位置に、庁舎総合案内板を設け、また、必要に応じて受付を設ける。受付及び庁舎総合案内板は、近接した位置に設ける等連携に配慮する。

(2) 必要に応じて、点字による庁舎総合案内板等を設け、その前まで視覚障害者誘導用ブロック等を敷設する。なお、受付を設ける場合は、受付に近接した位置に設ける。

(3) 庁舎の主要な出入口から受付等まで、視覚障害者誘導用ブロック等を敷設する。

3.3.23 階段

(1) 主要な階段は、分かりやすい位置に設ける。
(2) 主要な階段の幅は、150 cm以上とする。
(3) 主要な階段は、けあげ寸法16 cm以下、踏面寸法30 cm以上とし、回り段を設けない。
(4) 床面は、粗面とし、又は滑りにくい材料で仕上げる。
(5) 踏面の端部とその周囲の部分との色の明度の差が大きいこと等により、段を容易に識別できるものとする。
(6) 段鼻の突き出しがないこと等により、つまずきにくい構造とする。
(7) 階段の上端に近接する廊下等又は踊場の部分に、点状ブロック等を敷設する。
(8) 主要な階段には、両側に手すりを設ける。また、施設の用途、機能等により必要に応じて、2段手すりとする。
(9) 主要な階段の手すりは、踊場についてもできる限り連続して設置し、始終端には十分な長さの水平部分を設ける。
(10) 手すり壁等の高さ、形状等は、落下防止を十分考慮したものとする。また、側面を手すり子形式とする場合は、杖の脱落防止等のため、踏面の側端に立上がりを設ける。
(11) 主要な階段の手すりの端部に、現在位置、誘導方向等を示す点字表示を行う。

3.3.24 エレベーター及びエレベーターホール

(1) 4階建以上の庁舎又は合同庁舎には、原則として、エレベーターを設ける。なお、3階建以下の庁舎において、窓口業務を行う事務室がある階に直接地上へ通ずる出入口がない場合は、かごが当該階に停止するエレベーターを設ける。
(2) エレベーターは、分かりやすい位置に設ける。
(3) 窓口業務を行う官署が入居する庁舎、合同庁舎又は大規模庁舎においては、エレベーターのうち移動経路上の便利な位置にある1台以上について、かごの奥行を135 cm以上、かごの床面積を2.09 ㎡以上、かご及び昇降路の出入口の幅を90 cm以上とする。また、かご内に、車いす使用者用操作盤、手すり、鏡、出入口検出装置、インジケータ、キックプレート、点字銘板及び自動放送装置を適切に設ける、かご内の床の出入口部を他の部分と感触の違う仕上げとする等配慮する。
(4) その他のエレベーターは、かごの奥行を135 cm以上、かごの床面積を1.83 ㎡以上、かご及び昇降路の出入口の幅を80 cm以上とする。
(5) 2台以上のエレベーターが並んで配置される場合は、原則として、かごの大きさを同一とする。
(6) 窓口業務を行う官署が入居する庁舎、合同庁舎又は大規模庁舎においては、エレベーターホールに、車いす使用者用の乗場ボタン、点字銘板及び自動放送装置を設ける等配慮する。
(7) エレベーターホールは、幅及び奥行を180 cm以上とし、登退庁時等の職員の滞留に配慮する。

3.3.25　廊下

(1) 原則として柱型等の突出物を設けず、円滑な移動を確保する。
(2) 主要な廊下の幅は、180 cm以上とする。ただし、廊下等の末端の付近及び区間50m以内ごとに車いす使用者がすれ違うことができる場所を設ける場合にあっては、140 cm以上とすることができる。
(3) 廊下には、原則として、段を設けない。やむを得ず段を設ける場合は、傾斜路又は車いす使用者用特殊構造昇降機を併設する。なお、段は3.3.23(3)から(8)に準じた構造とし、傾斜路は3.3.27による。
(4) 床面は、粗面とし、又は滑りにくい材料で仕上げる。
(5) 床と壁の色彩及び明度の差等による立ち上がり境の視認性の確保に配慮する。
(6) 施設の用途、機能等により必要に応じて、手すりの設置について考慮する。
(7) 窓口業務を行う官署が入居する庁舎、合同庁舎又は大規模庁舎においては、来庁者が休憩できるスペースの確保について考慮する。

3.3.26　内部出入口

(1) 窓口業務を行う事務室の主要な出入口は、幅120 cm以上とし、扉は、原則としてスライド式自動扉とする。
(2) その他の出入口は、幅90 cm以上とし、扉は、車いす使用者が容易に開閉して通過できる構造とする。
(3) 車いす使用者が通過する際に支障となる段を設けない。

3.3.27　屋内傾斜路

(1) 屋内に設ける傾斜路(以下「屋内傾斜路」という。)の幅は、150 cm以上とする。ただし、階段に併設する場合は、120 cm以上とすることができる。また、勾配は、12分の1以下とする。
(2) 上端、下端及び高さ75 cm以内ごとに、また、曲がり部分、折り返し部分及び他の通路と交差する部分に、踏幅150 cm以上の踊場を設ける。
(3) 床面は、粗面とし、又は滑りにくい材料で仕上げる。
(4) 床は、その前後の廊下等との色の明度の差が大きいこと等により、屋内傾斜路の存在を容易に識別できるものとする。
(5) 高さが16 cmを超える傾斜部には、両側に手すりを設けることとし、原則として、2段手すりとする。
(6) 手すりは、踊場についても連続して設置し、始終端には十分な長さの水平部分を設ける。
(7) 手すりの端部に、現在位置、誘導方向等を示す点字表示を、必要に応じて行う。
(8) 側壁がない場合は、脱輪防止等のため、屋内傾斜路の側端に立上りを設ける。
(9) 屋内傾斜路の上端に近接する部分には、点状ブロック等を敷設する。ただし、勾配20分の1以下、又は高さ16 cm以下かつ勾配12分の1以下の場合については、この限りではな

<車庫等>

3.3.28 自動車車庫

(1) 地階に設ける場合は、防災及び避難について十分考慮する。
(2) 車止め、器具棚、器具庫、排水溝等を、必要に応じて設ける。

3.3.29 自転車置場

(1) 必要に応じて、庁用と来庁用を区別する。
(2) 来庁用は、施設の用途、規模等に応じた駐輪台数の確保を考慮するとともに、利用しやすい位置に設ける。

<その他>

3.3.30 喫煙スペース

(1) 庁舎内における喫煙が可能とされている場合は、健康増進法（平成14年8月2日法律第103号）を踏まえ、適切に分煙が図られるよう、原則として、天井までの間仕切り等により区画した喫煙スペースを設ける。
(2) 喫煙スペースの出入口は、扉の設置等により、たばこ煙の漏出を防ぐよう配慮する。
(3) 喫煙スペースの出入口付近の分かりやすい位置に、案内表示を行う。

3.3.31 その他

(1) 登退庁用通用口を、必要に応じて設ける。
(2) 玄関ホール又は庁舎内の要所に、冷水器、公衆電話、自動販売機等の設置スペースを、必要に応じて確保する。
(3) 来庁者用等の掲示板は、玄関ホール、廊下等に、見やすく設ける。また、広報スペース等を、必要に応じて確保する。

3.4 仕上げの選定

(1) 外部仕上げは別表2、内部仕上げは別表3の仕上げを標準とする。ただし、特別な機能又は性能を確保する必要がある場合は、これを考慮し、適切に選定する。
(2) 別表2及び別表3に記載されていない部分の仕上げについては、同表に準拠し、適切に選定する。
(3) 外部仕上げについて、周辺環境との調和を図る必要がある場合は、これを考慮する。
(4) 床面は、滑りにくい材料で仕上げる。特に、構内通路、ポーチ等の床面は、粗面とする等濡れても滑りにくいものとする。
(5) 内部の天井及び壁の仕上げには、原則として準不燃材料（不燃材料を含む。）を使用することとし、重要な財産・情報を保管する室等特に出火しにくいよう配慮する必要がある室については、原則として不燃材料を使用する。なお、大地震動後、災害応急対策活動に必要な施設等については、不燃化を徹底する。

(6) 居室等の仕上げについては、ホルムアルデヒド、揮発性有機化合物（VOC）等の空気汚染物質の発生抑制に配慮したものとする等適切な空気環境の確保に配慮する。
(7) 汚れにくく、清掃が容易な仕上げとするよう配慮する。
(8) 廃棄物を再生利用したもの等環境負荷の少ない材料の活用に配慮する。

3.5 各部・詳細設計

3.5.1 手すり

(1) 設置場所及び設置方法
① 階段、傾斜路、便所のほか、施設の用途、機能等に応じて、転倒防止、立上り又は移動の補助、視覚障害者の誘導等に配慮して、廊下等必要な場所に適切に手すりを設置する。
② 手すりを設ける場合は、できる限り連続して設ける。
③ 階段、バルコニー等の手すりは、落下防止を十分考慮したものとする。

(2) 材質、形状等
① 手触りがよく、体重をかけた時に滑りにくい材質とする。また、取付箇所の条件に応じて耐久性、耐食性等を考慮した適切な材質とする。
② 握りやすい形状のものとし、体重をかけることを考慮し、堅牢に取り付ける。
③ 受け金具、端部等の引っかかりがないよう配慮する。
④ 壁との色彩及び明度の対比等により、手すりの位置を認識しやすいよう配慮する。
⑤ 階段、傾斜路、廊下等の手すりの端部は、壁面側又は下方に巻き込む等先端が突き出さない形状とする。

3.5.2 カウンター
(1) 車いす使用者の利用を考慮し、カウンターの高さ、フットレストのためのクリアランス等を設定する。
(2) 立位で使用するカウンターは、体重をかけることを考慮し、床又は壁に適切に固定する。
(3) 手すりを設ける、杖等を立てかけられる場所を設ける等配慮する。

3.5.3 扉

(1) 幅
機器類の搬出入、車いす使用者の利用等を考慮し、十分な幅を確保する。

(2) 開き戸
① 軽く、ゆるやかに開閉するよう配慮する。
② 取手は、レバーハンドルとする等高齢者、障害者等が操作しやすいよう配慮する。
③ 開閉時の衝突の防止に配慮する。

(3) 引き戸

多機能便所等の引き戸については、次に掲げる事項に配慮する。
① 床には、利用者の円滑な通行の支障となる、くつずり、溝等を設けない。
② 自動式とするか、できるだけ小さな力で開閉できるよう配慮する。
③ 自動式とする場合の開閉ボタンは、車いす使用者に使いやすい位置に設置する。
④ 引き手は、車いすに座ったままでも操作しやすい位置に設置し、握りやすい形状とする。

(4) スライド式自動扉

高齢者、障害者等の通行を考慮し、開閉速度、センサー等を設定する。

3.6 案内・表示

3.6.1 共通事項

(1) 案内は、単純かつ明快で、分かりやすいものとする。
(2) 多様な利用者を考慮し、案内図記号を活用するほか、庁舎の立地、用途等に応じて、子供又は外国人の利用を考慮し、ひらがな又は外国語を併記する等内容が容易に理解できるよう配慮する。
(3) 目的地までの経路において、現在位置、目的地の位置、目的地までの経路等が逐次確認でき、また、目的地に到達したことが確認できるように案内を配置する。
(4) 案内は、見やすい位置及び高さに設置する。
(5) 案内は、統一のとれたデザインとするとともに、外部に設置するものについては、地域における統一性又は周辺環境との調和に配慮する。
(6) 案内の文字又は図は、容易に判断できる大きさとする。
(7) 案内の文字又は図と背景の輝度比を十分に確保する、日射又は照明の影響を考慮する等見やすさに十分配慮する。
(8) 移動経路上に突き出して設置するものは、通行上の安全性を考慮する。

3.6.2 外部表示

(1) 施設名称表示
① 道路からの出入口付近及びその他敷地境界付近の道路から分かりやすい位置に、見やすい大きさ、形状等により、庁名及び官署名を表示する。
② 官署名は、原則として、正式名称とする。

(2) 施設総合案内板

道路からの出入口付近及びその他敷地境界付近に、現在位置、駐車場、庁舎の主要な出入口等の位置を確認できる案内板を、必要に応じて設ける。

(3) その他の表示

歩行者用通路の道路からの出入口付近に、周辺の交通機関、その方向等が確認できる案内板を、必要に応じて設ける。

3.6.3 内部表示

(1) 庁舎総合案内板
① 玄関ホールの分かりやすい位置に設ける。
② 官署名、室名、所在階等を分かりやすく表示する。
③ 名称等の変更のしやすさに配慮した仕様とする。

(2) 会議案内

玄関ホール等の分かりやすい位置に、会議名、会議室名及び所在階を表示する案内板を、必要に応じて設ける。

(3) 点字案内板

玄関ホールの分かりやすい位置に、官署名、室名、所在階等を点字により表示した案内板を、必要に応じて設ける。

(4) エレベーター内案内板
① エレベーター内の壁面に、官署名、室名及び所在階を表示した案内板を、必要に応じて設ける。
② 名称等の変更のしやすさに配慮した仕様とする。

(5) 各階案内板
① エレベーターホール等の分かりやすい位置に、各階の配置図を表示した案内板を、必要に応じて設ける。
② 視覚障害者及び車いす使用者による利用を考慮し、設置高さ、形状、点字の併記等について考慮する。
③ 配置図には、部局名、課名等のほか、会議室、便所、エレベーター、階段、現在位置等を表示する。

(6) 誘導方向表示

来庁者の動線の起点、分岐点等の見やすい位置に、矢印等により各室の方向を示した表示を、必要に応じて設ける。

(7) 室名札
① 各室入口付近の見やすい位置に、室名札を設ける。
② 名称等の変更のしやすさに配慮した仕様とする。

(8) 管理サイン

　利用案内、緊急対応等の情報を随時表示できる案内板等を、必要に応じて設ける。

(9) 階数表示

　① エレベーターホール、階段室等に現在階を表示する。
　② 階段の踊場に上下階の階数を、必要に応じて表示する。
　③ 階数表示は、壁面又は床面に分かりやすく表示する。

(10) 端末案内

　① 情報端末による庁舎案内を設置する場合は、庁舎総合案内板又は各階案内板との連携に配慮する。
　② 車いす使用者又は子供にも使いやすいよう配慮し、高さ等を設定する。

3.6.4　案内図記号

(1) 日本工業規格 Z 8210 に規定されるものについては、これによる等標準的な案内図記号により表示する。

(2) 標準的な案内図記号がないものについては、原則として、文字により表示する。

3.6.5　視覚障害者誘導用ブロック等

(1) 道路等から窓口、受付等までの経路には、移動方向を示すための線状ブロック等及び注意を喚起する位置を示すための点状ブロック等を適切に組み合わせて敷設する。

(2) 車路又は段若しくは傾斜路の上端に近接する部分には、点状ブロック等を敷設する。

(3) 誘導のための視覚障害者誘導用ブロック等は、視覚障害者が位置を認識しやすいように、単純な経路により連続して敷設する。

(4) 視覚障害者誘導用ブロック等の材質は、滑りにくく、磨耗しにくいものとする。

(5) 視覚障害者誘導用ブロック等の突起の形状・寸法及びその配列については、日本工業規格 T 9251 による。

(6) 視覚障害者誘導用ブロック等は、原則として全面を黄色とし、周囲の床材との輝度比を十分に確保して容易に識別できるものとする。

3.6.6　点字表示

(1) 一般事項

　① 操作ボタンの内容について表示する点字は、ボタン上又はボタンから斜めの位置には表示しない。
　② 触知しやすい高さ及び位置の範囲に設置する。
　③ 手触りのよい材料を使用し、金具等の引っかかりがないよう配慮する。
　④ 墨字を併記する。

(2) 手すりの点字表示
① 点字は、手すりの長手方向と平行に表示する。また、点字の行数は3行以内とする。
② 断面が円形状の手すりにおいては、点字部分を手すりの真上より少し壁側に寄せ、平面状の手すりにおいては、点字部分が平坦部からはみ出さないように表示する。
③ 2段手すりの場合は、原則として、上段の手すりに表示する。
④ 階段又は傾斜路の手すりについては、両側の手すりの点状ブロック等の延長線上の位置の水平部分に表示する。
⑤ 庁舎内の階段については、原則として現在階の階数を表示するとともに、適切に当該階の案内を表示する。

(3) エレベーターの点字表示
① エレベーターホールの呼出ボタンの点字表示については、「ウエ」、「シタ」とボタンの内容を表示するほか、現在階を表示する。
② エレベーター内の操作ボタンの点字表示については、それぞれのボタンの内容を、階数は「1」、「2」等、その他は「アケ」、「シメ」、「非常」等と表示する。

第4章　　改修設計

4.1　基本方針
(1) 改修の目的に応じて求められる性能及び機能を確保する。
(2) 既存施設の現状を十分に把握し、適切な材料、工法等を選択する。
(3) 第2章及び第3章については、改修の対象となる部位等に適用する。

4.2　建築物の外部の劣化に伴う改修
(1) 防水、外壁、外部建具等の劣化に伴う改修については、次に掲げる性能を確保する。
　① 雨漏り又は漏水がない。
　② 合理的な耐久性が考慮されている。
　③ 仕上げ材等のはく離、落下等の危険性がない。
　④ 美観について考慮されている。
(2) 劣化の程度及び進行状況、既存の材料及び工法等を考慮し、適切な改修方法を選択する。
(3) 施設の外観等に影響を与える可能性がある場合については、改修前の印象を保持する等周辺環境との調和に配慮する。

4.3　高齢者、障害者等の円滑な利用を考慮した改修
　既存施設の現状及び利用状況を十分に把握した上で、多様な施設利用者を考慮し、より円滑かつ快適に利用できるものとなるよう改善を図る。

4.4　耐震改修
　「官庁施設の総合耐震診断・改修基準」（平成8年10月24日建設省営計発第101号）に基づき、適切に構工法を選択する。

4.5　環境負荷の低減のための改修
　新たに屋上緑化を設ける場合は、積載荷重に加え、防水層への影響、育成管理等に留意する。

附則
1. この基準は、平成18年4月1日から適用し、適用日において現に存する官庁施設については適用しない。
2. 「建築設計基準」（平成16年10月14日国営整第95号）及び「建築改修設計基準」（平成11年2月3日建設省営建発第12号）は、平成18年3月31日をもって廃止する。

別表1　上級室のタイルカーペット等の有無

区　分	タイルカーペット	ドレープ及びレースカーテン又はブラインド	洗　面　器
中央官庁　上級室　Ⅰ	○	○	○
中央官庁　上級室　Ⅱ	○	○	×
中央官庁　上級室　Ⅲ	○	○	×
地方官庁　上級室　Ⅰ	○	○	×
地方官庁　上級室　Ⅱ	△	△	×

（凡例　○：設ける　△：必要に応じて設ける　×：設けない）

（注）
（1）上級室の区分は次のとおり
　　　中央官庁　　　上級室　Ⅰ：　大臣、次官級
　　　中央官庁　　　上級室　Ⅱ：　局長級
　　　中央官庁　　　上級室　Ⅲ：　次長、部長級
　　　地方官庁　　　上級室　Ⅰ：　地方官庁Ａ（地方ブロック単位で部長制官署及び
　　　　　　　　　　　　　　　　　これと同等程度の官署）の局長級
　　　地方官庁　　　上級室　Ⅱ：　地方官庁Ａの次長、部長級、地方官庁Ｂ（地方官
　　　　　　　　　　　　　　　　　庁Ａ以外の官署）の局長、所長、署長級

（2）洗面器は、前面とびら付きの格納式とする。

別表2　外部仕上げ表

部位		規模	500 ㎡未満	500 ㎡以上 2,250 ㎡未満	2,250 ㎡以上 10,000 ㎡未満	10,000 ㎡以上
壁、柱及びはり			複層仕上塗材	複層仕上塗材	磁器質タイル	磁器質タイル
屋根			アスファルト防水保護コンクリート直均し仕上げ			
ひさし	上端		塗膜防水	塗膜防水	合成高分子系ルーフィングシート防水	合成高分子系ルーフィングシート防水
	下端		複層仕上塗材	複層仕上塗材	金属成形板	金属成形板
建具	窓		アルミニウム製			
	玄関		鋼製（自動扉）	ステンレス製（自動扉）	ステンレス製（自動扉）	ステンレス製（自動扉）
	その他出入口		鋼製			

別表3　内部仕上げ表

室名	部位	300 ㎡未満	300 ㎡以上 2,250 ㎡未満	2,250 ㎡以上 10,000 ㎡未満	10,000 ㎡以上
事務室 会議室	天井	不燃積層せっこうボード（化粧あり）		ロックウール化粧吸音板	
	壁	モルタルEP 又はせっこうボードEP			
	幅木	ビニル幅木			
	床	ビニル床タイル （フリーアクセスフロアとする場合は、タイルカーペット又は帯電防止ビニル床タイル）			
上級室	天井	不燃積層せっこうボード（化粧あり）		ロックウール化粧吸音板	
	壁	モルタルEP 又はせっこうボードEP		モルタル又はせっこうボードのうえ壁紙	
	幅木	ビニル幅木			
	床	ビニル床タイル （フリーアクセスフロアとする場合は、タイルカーペット）		タイルカーペット	
事務機器室	天井	ロックウール化粧吸音板			
	壁	吸音用穴あきケイカル板EPグラスウール裏込め			
	幅木	ビニル幅木			
	床	タイルカーペット又は帯電防止ビニル床タイル			
玄関	天井	不燃積層せっこうボード（化粧あり）		ロックウール化粧吸音板	金属成形板
	壁	モルタルEP			磁器質タイル
	幅木	ビニル幅木		磁器質タイル	
	床	ビニル床シート		磁器質タイル	
階段室	段裏		軽量骨材仕上塗材		
	壁		モルタルEP又はせっこうボードEP		
	幅木		ビニル幅木		
	床		ビニル床シート		
基準階 ホール 廊下	天井	不燃積層せっこうボード（化粧あり）		ロックウール化粧吸音板	
	壁	モルタルEP又はせっこうボードEP			
	幅木	ビニル幅木			
	床	ビニル床シート			

室名	部位	300 ㎡未満	300 ㎡以上 2,250 ㎡未満	2,250 ㎡以上 10,000 ㎡未満	10,000 ㎡以上
洗面所 便所	天井	ケイカル板EP			
	壁	陶器質タイル			
	幅木	陶器質タイル			
	床	ビニル床シート (清掃方法を湿式とし、防水層を設ける場合は、モザイクタイル)			
湯沸室	天井	ケイカル板EP			
	壁	モルタルEP又はケイカル板EP		陶器質タイル	
	幅木	ビニル幅木		陶器質タイル	
	床	ビニル床シート			
浴室 (ユニットバスとしない場合)	天井	樹脂成形板			
	壁	陶器質タイル			
	幅木	陶器質タイル			
	床	モザイクタイル			
脱衣室	天井	ケイカル板EP			
	壁	モルタルEP又はケイカル板EP			
	幅木	ビニル幅木			
	床	ビニル床シート			
和室 (宿直室等)	天井	化粧せっこうボード			
	壁	モルタルEP又はせっこうボードEP			
	幅木	(畳寄せ)			
	床	畳			
食堂 理髪室 美容室 医務室	天井	不燃積層せっこうボード(化粧あり)		ロックウール化粧吸音板	
	壁	モルタルEP又はせっこうボードEP		モルタル又はせっこうボードのうえ壁紙	
	幅木	ビニル幅木			
	床	ビニル床シート (理髪室、美容室、医務室については、耐薬品性を考慮する)			

室名	部位	300 ㎡未満	300 ㎡以上 2,250 ㎡未満	2,250 ㎡以上 10,000 ㎡未満	10,000 ㎡以上
厨房	天井	ケイカル板EP			
	壁	陶器質タイル （配膳のみを行う等軽微な場合については、モルタルEP）			
	幅木	陶器質タイル （配膳のみを行う等軽微な場合については、モルタルNAD）			
	床	磁器質タイル（防水層を設ける） （清掃方法を乾式とする場合は、ビニル床シート）			
倉庫 書庫	天井	コンクリート打放し （常に人が出入りする書庫については、不燃積層せっこうボード（化粧有））			
	壁	コンクリート打放し （常に人が出入りする書庫については、モルタルEP又はせっこうボードEP）			
	幅木	コンクリート打放し （常に人が出入りする書庫については、ビニル幅木）			
	床	コンクリート直均し仕上げのうえ合成樹脂塗材 （常に人が出入りする書庫については、ビニル床タイル）			
機械室 電気室	天井		コンクリート打放し （消音が必要な場合は、グラスウールのうえガラスクロス張り）		
	壁		コンクリート打放し （消音が必要な場合は、上部はグラスウールのうえガラスクロス張り）		
	幅木		コンクリート打放し		
	床		コンクリート直均し仕上げのうえ合成樹脂塗材		
中央監視室	天井		不燃積層せっこうボード（化粧あり）		
	壁		モルタルEP又はせっこうボードEP		
	幅木		ビニル幅木		
	床		ビニル床タイル		
自動車車庫	天井	コンクリート打放し			
	壁	コンクリート打放し			
	幅木	コンクリート打放し			
	床	コンクリート直均し仕上げ			

（注）表中の用語及び略語は、次による。
　①ケイカル板　無石綿けい酸カルシウム板の略
　②EP　　　　合成樹脂エマルションペイント塗りの略
　③NAD　　　アクリル樹脂系非水分散形塗料塗りの略
　④機械室　　冷凍機室、ボイラー室、空調機械室、送風機室、ポンプ室、エレベーター機械室、受水タンク室をいう。
　⑤電気室　　受変電室、発電機室、蓄電池室をいう。

建築設計基準及び同解説

建築設計基準及び同解説

第 1 章　　　総　　則

1.1　目的

> この基準は、建築設計及び外部環境設計に関し、「官庁施設の基本的性能基準」（平成 18 年 3 月 31 日国営整第 156 号、国営設第 162 号）に定める性能の水準を満たすための標準的な手法及びその他の技術的事項を定め、官庁施設として有すべき性能を確保することを目的とする。

　官庁施設の整備については、建築基準法等の建築関係法令に加え、官公庁施設の建設等に関する法律（昭和 26 年法律第 181 号。以下「官公法」という。）が定められており、同法に基づき、国家機関の建築物及びその附帯施設の位置、規模及び構造に関する基準（平成 6 年 12 月 15 日建設省告示第 2379 号）が定められている。

　また、同告示に基づき官庁施設の営繕等を行うに当たり、官庁施設として有すべき性能を確保するため、「官庁施設の基本的性能基準」においては、官庁施設の性能の水準、技術的事項及び検証方法が定められている。また、環境保全性については「官庁施設の環境保全性に関する基準」（平成 17 年 3 月 31 日国営環第 7 号）が、耐震については「官庁施設の総合耐震計画基準」（平成 18 年 8 月 4 日国営計第 66 号、国営整第 59 号、国営設第 57 号）が、ユニバーサルデザインについては「官庁施設のユニバーサルデザインに関する基準」（平成 18 年 3 月 31 日国営整第 157 号、国営設第 163 号）が定められている。

　なお、基本的性能基準に定める性能の水準を満たすための標準的な手法等を定める主な基準としては、「建築設計基準」のほかに、構造については「建築構造設計基準」、設備については「建築設備計画基準」及び「建築設備設計基準」が定められている。

1.2　適用範囲

> この基準は、官庁施設のうち庁舎及びその附帯施設の建築設計及びこれらの外部環境設計に適用する。

　「附帯施設」については、官公法第 2 条第 4 項に「附帯する通路その他の施設」との記載があり、通路、駐車場その他建築物に附帯する施設をいう。

1.3 用語

(1)	庁舎	官公庁施設の建設等に関する法律（昭和26年法律第181号。以下「官公法」という。）第2条第2項に規定される庁舎をいう。
(2)	合同庁舎	官公法第2条第3項に規定される合同庁舎をいう。
(3)	総合庁舎	同一の省庁の2以上の部局の長が使用する庁舎をいう。
(4)	大規模庁舎	延べ面積が2,250㎡以上の庁舎をいう。
(5)	窓口業務を行う官署	来庁者に対し、直接サービスを提供する官署をいう。
(6)	高齢者、障害者等	高齢者又は障害者で日常生活又は社会生活に身体の機能上の制限を受ける人、その他日常生活又は社会生活に身体の機能上の制限を受ける人をいう。
(7)	寒冷地	次のいずれかに該当する地域をいう。 ① 1月の月平均気温が0℃以下の地域 ② ひと月の日最低気温の月平均値が-5℃以下の地域 ③ 暖房度日数 D_{18-18} が2,500℃Day以上の地域
(8)	多雪地	建築基準法施行令（昭和25年政令第338号）第86条第2項に基づき、特定行政庁により指定された多雪区域をいう。

●庁舎

　庁舎について、官公法第2条第2項に「国家機関がその事務を処理するために使用する建築物をいい、学校、病院及び工場、刑務所その他の収容施設並びに自衛隊の部隊及び機関が使用する建築物を除くもの」と規定されている。

●合同庁舎

　合同庁舎について、官公法第2条第3項に「2以上の各省各庁の長が使用する庁舎」と規定されている。

●窓口業務を行う官署

　窓口業務を行う官署としては、公共職業安定所、地方法務局、地方法務局の支局及び出張所、税務署、労働基準局、労働基準監督署、地方検察庁、地方検察庁の支部及び区検察庁、裁判所等がある。

　なお、窓口業務を行う官署については、窓口業務の比率、業務内容、来庁者の数及び構成等を勘案して、適切な計画とすることが必要である。

●寒冷地

　暖房度日数 D_{18-18} とは、日平均外気温が暖房時における室内気温（18℃）以下になった日の気温と18℃との温度差を加算したものである。なお、寒冷地に該当する地域については、「資料3　寒地・標準地・暖地の範囲」を参照されたい。

第2章　　基本方針

2.1　基本方針

> (1) 庁舎は、国民の共有財産として、親しみやすく、便利でかつ安全なものとする。さらに、長期的な視野のもとで、施設の特性及び地域性に応じた多様性及び柔軟性の高いものとするとともに、良好で健全な環境の形成及び文化の創造に寄与するものとする。
> (2) 来庁者の利便、職員の健康の維持及び公務の能率の向上が図られるよう、適切な平面計画及び室内環境の確保のほか、ゆとりと潤いのある空間づくり等に配慮する。

　官公法第1条に、同法の目的として、「災害を防除し、公衆の利便と公務の能率増進とを図ること」と定められている。また、同法第4条には、建築方針として、「庁舎は、国民の公共施設として、親しみやすく、便利で、かつ、安全なものでなくてはならない」と定められている。

　庁舎は、国の機関のサービスの提供の場であるとともに、地域において中核的役割を担う施設ともなる。また、一方で、執務者の就労の場であるという側面も有している。さらに、建築分野における模範となるよう、防災、環境、福祉等の多様な側面において、率先して社会的ニーズに対応していくことが必要である。

2.2　配置計画

> (1) 入居官署の機能及び周辺環境を考慮し、庁舎、駐車場、構内通路、緑地等を適切に配置する。
> (2) 庁舎、駐車場等の適切な配置により、敷地の有効利用を図る。
> (3) 庁舎、駐車場等への経路が分かりやすい配置計画とする。
> (4) 歩行者等及び自動車の動線は、できる限り交差しないよう配慮することとし、必要に応じて、主動線のほかに、施設の維持管理等を考慮し、サービス用の動線等を確保する。
> (5) 歩行者等の動線は、遠まわりとならないよう配慮する。
> (6) 高齢者、障害者等を含むすべての来庁者が、できる限り同じ経路により庁舎の主要な出入口等まで移動できるよう動線を確保する。
> (7) 地域との連携についても考慮しつつ、建築物のセットバック、オープンスペースの集約化、緑地の確保等により、ゆとりのある外部空間をつくり出すよう配慮する。
> (8) 施設の用途、規模及び立地に応じた駐車場の確保について考慮する。
> (9) 必要に応じて、将来の増築スペース等の確保について考慮する。

　来庁者の数、構成、利用交通手段等には、入居官署の種類及び規模、周辺の交通条件等のほか、季節的又は時間的な要因が影響する。特に窓口業務を行う官署が入居する庁舎等については、各種の要因を考慮のうえ計画を検討する必要がある。

　多雪地等においては、雪の堆積スペース等の確保についても考慮する必要がある。

2.3 平面・動線計画

(1) 各室の機能、業務内容等を十分考慮して、分かりやすく、利便性の高い平面・動線計画とする。特に、窓口業務を行う官署が入居する庁舎等においては、窓口又は受付までの動線の分かりやすさ、移動の容易さ、安全性等に十分配慮することとし、高齢者、障害者等を含むすべての来庁者が、できる限り同じ経路により窓口又は受付まで移動できるよう動線を確保する。

(2) 来庁者が利用する範囲と立ち入りを制限する範囲を区分けするとともに、来庁者、職員、物品等の搬出入、廃棄物の搬出等の動線を適切に分離する。

(3) 避難経路は、簡明なものとし、関係法令に定められる場合以外についても、二方向避難の確保を考慮する。また、窓口業務を行う事務室がある階に直接地上に通ずる出入口がない場合は、想定される救助の方法等により必要に応じて、当該階に車いす使用者等が一時避難する場所を確保する等高齢者、障害者等の避難に配慮する。

(4) 窓口業務を行う官署又は部署のうち、来庁者の多い官署又は部署を低層階に配置する。

(5) 合同庁舎又は総合庁舎において、各階は、できる限り同一の官署でまとめ、異なる官署を混在させない。

(6) 合同庁舎又は総合庁舎において、共同で利用することが望ましい室等は、できる限り共用化する。

(7) 室の用途等により必要に応じて、多様な利用形態、予想される機能の変更等を考慮し、適切にフレキシビリティを確保する。

(8) 移動式書架等の重量物を設置する又は設置が予想される場合は、設置位置を設定し、荷重を考慮する。

(9) 給排水、ガス、排気等の設備を必要とする諸室又は事務室と使用時間帯の異なる諸室は、それぞれできる限り集約的に配置する。

(10) 和室、火気使用室等は、できる限り独立した防火区画とする。

(11) 騒音又は振動を発生するおそれのある室は、できる限り居室から離れた位置に配置する。

(12) 配管スペース、配線スペース及びダクトスペースは、垂直及び水平の連絡並びに保全性を考慮した適切な位置に配置する。

(13) 施設の維持管理のための清掃、保守、点検等が効率的かつ安全に行えるように、作業又は搬出入のためのスペースを確保する等配慮する。

　窓口業務を行う官署が入居する庁舎等は、繁忙期における業務態勢等についても考慮して計画する必要がある。
　合同庁舎等においては、各入居官署の業務内容等を十分に理解するとともに、各入居官署と十分協議のうえ、配置する階等を設定する必要がある。
　車いす使用者等が一時避難する場所については、「官庁施設の基本的性能基準」の「火災時の避難安全確保に関する性能」に技術的事項が示されている。

2.4 高齢者、障害者等への配慮

> (1) 「官庁施設のユニバーサルデザインに関する基準」(平成 18 年 3 月 31 日国営整第 157 号、国営設第 163 号) に基づき、高齢者、障害者等を含むすべての施設利用者が、できる限り円滑かつ快適に利用できるものとする。
> (2) 施設の特性の考慮の考え方については、不特定かつ多数の人が利用する施設は、高齢者、身体障害者等が円滑に利用できる特定建築物の建築の促進に関する法律(平成 6 年法律第 44 号。以下「ハートビル法」という。)により定められる利用円滑化誘導基準を、その他の施設は、同法により定められる利用円滑化基準を満たすものとするほか、第 3 章によることを基本とし、更に各施設の実情を勘案しつつ適切に配慮する。

　窓口業務を行う官署が入居する庁舎等不特定かつ多数の人が利用する施設については、ハートビル法の利用円滑化誘導基準を満たすとともに、第 3 章に示されるとおり、多様な利用者が円滑かつ快適に施設を利用できるよう、多機能便所、休憩スペース等の設置、窓口業務を行う事務室の出入口の自動ドア化等更にきめ細やかな配慮をしたものとすることを基本としている。

　その上で、「官庁施設のユニバーサルデザインに関する基準」に定められるとおり、施設利用者の視点から、ユニバーサルデザインレビュー(より利用しやすい施設の整備を目指し、施設整備の各段階において行う、ユニバーサルデザインの視点に立ったニーズの把握、解決策の検討、評価及び検証並びにフィードバックのプロセスをいう。)を行い、すべての施設利用者が、できる限り、円滑かつ快適に利用できる施設の計画とする必要がある。

　なお、従来のハートビル法及び交通バリアフリー法(高齢者、身体障害者等の公共交通機関を利用した移動の円滑化の促進に関する法律(平成 12 年法律第 68 号))を統合した、高齢者、障害者等の移動等の円滑化の促進に関する法律(平成 18 年法律第 91 号)が、平成 18 年 6 月 21 日に公布され、同年 12 月までに施行される予定である。

2.5 設備設計に対する配慮

> (1) 外壁、開口部等からの熱損失、熱取得等の防止により、建築設備への負荷の抑制に配慮する。
> (2) 各種設備容量等の設定に必要となる収容人員等の使用条件については、適切な設定となるよう配慮する。
> (3) 設備関係諸室は、設備の運転効率及び設備関係諸室のスペースの効率化に配慮して、適切に配置する。
> (4) 照明機器、吹出口等居室に設置する設備については、適切な室内環境の確保とともに、室の用途等に応じて、室空間のフレキシビリティ、意匠性、空間性等について配慮する。
> (5) スイッチ、コンセント等については、事務機器等のレイアウトのほか、施設又は室の用途等に応じて利用者及び利用方法を考慮し、使いやすい設置位置、形状等について配慮する。

●熱負荷の低減

　京都議定書において、日本は、2008～2012年の期間中に、温室効果ガスの排出量を1990年の水準より少なくとも6%削減することを目標としており、政府自らも、その事務及び事業にともない排出する温室効果ガスを削減することとしている。

　運用期間中のエネルギー使用量の削減を図るためには、建築物の外壁、開口部等からの熱損失及び熱取得の防止を図ることが必要であり、
・建築物の向き、室の配置
・外壁、屋根、床の断熱
・開口部の断熱、日射遮蔽、気密化

等に配慮することが必要である。

　また、自然光、自然通風等の利用、自然エネルギーの活用等も有効な手段である。

●スイッチ等

　車いす使用者の利用できる高さの範囲は、40cmから110cm程度である。スイッチ等を設置する高さについては、施設又は室の用途等により必要に応じて、車いす使用者の利用を考慮して設定することが望ましい。また、必要に応じて、スイッチの内容を点字で表示する等視覚障害者の利用についても考慮することが必要である。

2.6　コストに対する配慮

> (1) 建築物の躯体、仕上げ、設備、外構等についての工事費の適正な配分とともに、ライフサイクルコストの適正化について配慮する。
> (2) 材料等は、品質、性能、施工方法、価格、市場性等を十分考慮したものとし、できる限り既製品、規格品等とする。
> (3) スパン割り、階高、外部建具の寸法及び割りつけ等は、必要な機能性及びフレキシビリティを確保するとともに、経済的合理性を十分考慮したものとする。
> (4) 部材又は詳細の標準化又は簡略化、省力化を図った工法の採用等によるコスト縮減について考慮する。

　国土交通省においては、平成12年9月に公共工事コスト縮減対策関係閣僚会議において策定された「公共工事コスト縮減対策に関する新行動指針」を踏まえ、「公共工事コスト縮減対策に関する新行動計画」を策定し、コスト縮減に取り組んできた。

　平成15年3月には、更なる取組について定めた「国土交通省公共事業コスト構造改革プログラム」を策定しており、工事費の縮減に加え、将来の維持管理費の縮減等についても考慮する「総合コスト縮減率」を平成15年度から5年間で、平成14年度と比較して15%縮減することとしている。

　官庁施設の整備に当たっては、必要な性能、機能等を確保しつつ、工事費、ライフサイクルコストともに適切に管理することが求められている。

2.7 地域の特性に対する配慮

> 寒冷地又は多雪地においては、積雪、雪害、凍結又は凍害に対する安全性及び機能の確保を考慮する等地域の気候風土、都市環境等の特性については別途考慮して、適切に必要な措置を講ずる。

地域の特性については、各地方において設定される要件に従いつつ、適切に考慮して、必要な措置を講ずる必要がある。

第3章　　設　計

3.1　外構設計

3.1.1　敷地の出入口

> (1) 道路から分かりやすく、安全を考慮した位置に設けるとともに、自動車の出入り等が分かるよう見通しを確保する。
> (2) 道路と構内の歩行者用通路との境界に、車いす使用者の通過を妨げるような段を設けない。
> (3) 構内の歩行者用通路に、敷地境界を示す点状ブロック等（視覚障害者誘導用ブロック等のうち点状突起のものをいう。以下同じ。）を敷設する。
> (4) 施設計画上やむを得ない場合を除き、できる限り敷地の境界又は庁舎の周囲に門又は囲障を設けない等開放的なデザインとするよう配慮する。

　敷地の出入口に接する道路に歩道が設置されている場合は、歩道と敷地内の歩行者用通路の路面をそろえることが望ましい。歩道が設置されていない場合は、道路と接する歩行者用通路の端部について、車いす使用者が通過でき、かつ、視覚障害者が境界部を認知できるよう配慮することが必要であり、『道路の移動円滑化整備ガイドライン』（国土交通省道路局企画課監修、（財）国土技術研究センター編集・発行）を参考とし、車路より 2 cm程度の高さとすることを標準として考える。
　また、道路に視覚障害者誘導用ブロック等が設置されている場合については、敷地の内外の視覚障害者誘導用ブロック等の連続性を確保することが望ましい。

3.1.2　構内通路等

> (1) 構内通路は、原則として車路と歩行者用通路を分け、できる限り交差させない。やむを得ず交差が生じる場合には、見通しを確保する。
> (2) 道路等から庁舎の主要な出入口まで、車いす使用者用駐車施設から庁舎の出入口まで等の歩行者用通路（以下「主要な歩行者用通路」という。）には、原則として、段を設けない。やむを得ず段を設ける場合は、傾斜路又は車いす使用者用特殊構造昇降機を併設する。なお、段は 3.3.23(3)から(8)に準じた構造とし、傾斜路は 3.1.5 による。また、その他の歩行者用通路についても、できる限り段を設けない。
> (3) 窓口業務を行う官署が入居する庁舎、合同庁舎又は大規模庁舎の場合においては、主要な歩行者用通路の幅員は、180 cm以上とする。
> (4) 歩行者用通路は、降雨、降雪、凍結等による歩行者等の転倒を防止するため、濡れても滑りにくいように、表面を粗面とし、又は滑りにくい材料で仕上げることとし、必要に応じて、ひさし等の設置について考慮する。

> (5) 主要な歩行者用通路には、道路等からの出入口から庁舎の窓口、受付等までの経路に、線状ブロック等（視覚障害者誘導用ブロック等のうち線状突起のものをいう。以下同じ。）及び点状ブロック等を適切に組み合わせて敷設する。また、手すり又は触知による案内を必要に応じて設置する等視覚障害者の誘導及び注意喚起に配慮する。
> (6) 歩行者用通路の歩行者等が車路に近接する部分には、点状ブロック等を敷設する。
> (7) 歩行者用通路の切り下げ部の縁端は、車いす使用者が通過可能であるとともに、視覚障害者が認知できるよう配慮する。
> (8) 必要に応じて、施設の維持管理、機器類の搬出入等を考慮したサービス用の通路を設ける。
> (9) 車路の舗装材料は、自動車の通行に対する耐久性を考慮したものとする。
> (10) 主要な歩行者用通路等については、魅力的な空間となるよう、必要に応じて、舗装のデザイン、周囲の植栽、修景施設の設置等について考慮する。

●歩行者等への配慮

　車路と歩行者用通路は、縁石、手すり、植え込み等により明確に分離することが望ましい。

　視覚障害者誘導用ブロック等については、歩行者用通路の幅に応じて、視覚障害者の利用のしやすさ、その他の利用者の通行のしやすさに配慮した適切な位置に設置することが望ましい。

●やむを得ない歩車動線の交差への配慮

　構内通路は、歩車分離を原則とするが、やむを得ず歩行者と車の動線が交差する場合は、見通しを確保するほか、(6)及び(7)に規定するとおり、歩行者用通路の歩行者等が車路に近接する部分への点状ブロック等の敷設等を行う必要がある。なお、(7)の車いす使用者が通過可能であるとともに、視覚障害者が認知できるよう配慮した歩行者用通路の切り下げ部の縁端については、3.1.1においても示すとおり車路より2cm程度の高さとすることを標準として考える。

　また、車の出入りの多い箇所等に、視覚・聴覚により車の接近を知らせる警報装置を設置したり、横断歩道部分をハンプ（hump）として歩行者用動線をできるだけ平坦とするなど必要に応じて適切に配慮する。（図3.1.3参照）

●舗装

　舗装については、「構内舗装・排水設計基準」（平成13年3月22日国営建第25号）が定められている。なお、環境への配慮、下水道への負担軽減の観点から、車路に透水性の舗装等とする場合は、耐久性について特に留意する必要がある。

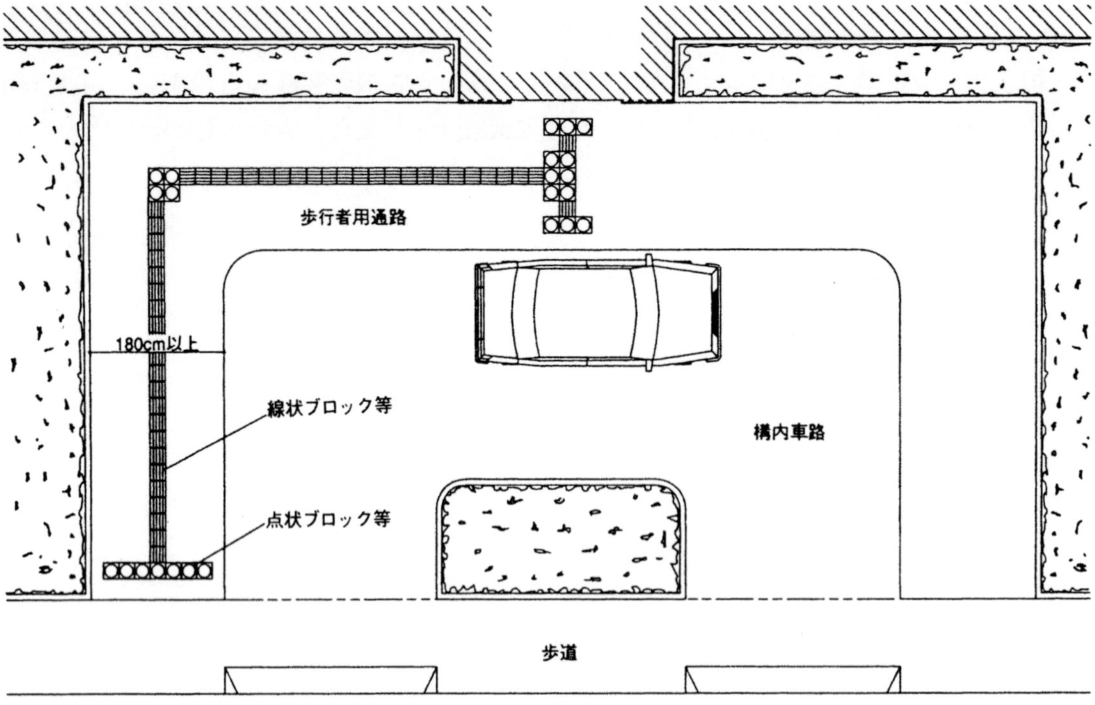
歩行者用通路
180cm以上
線状ブロック等
構内車路
点状ブロック等
歩道
車道

図 3.1.1　構内通路等の例
（1 階床面と地盤面に高低差が無い場合）

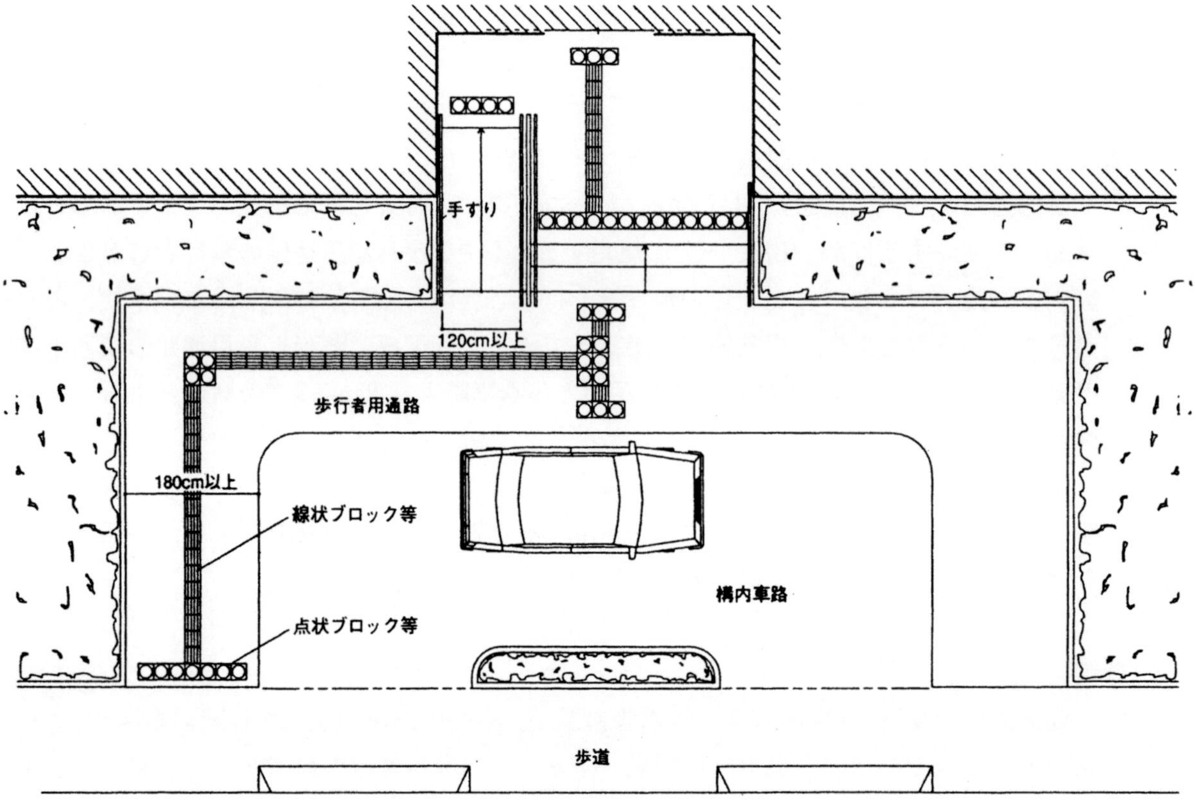
手すり
120cm以上
歩行者用通路
180cm以上
線状ブロック等
構内車路
点状ブロック等
歩道
車道

図 3.1.2　構内通路等の例
（1 階床面と地盤面との間に高低差を設けざるを得ない場合）

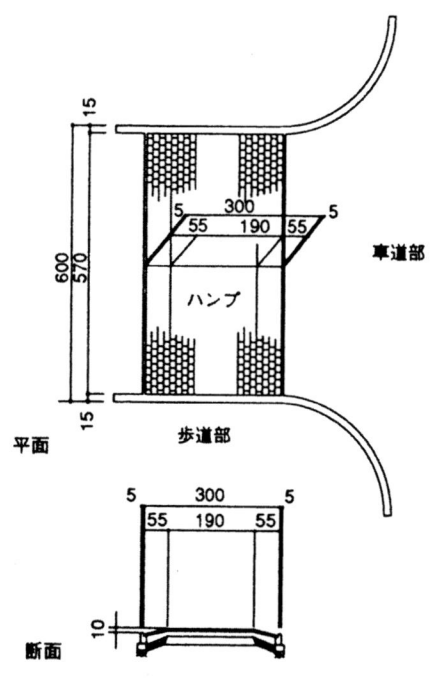

図 3.1.3 ハンプの例（単位cm）

●寒冷地、多雪地における配慮

　寒冷地、多雪地における地域の特性に対する配慮として、次のようなことに留意する必要があると考えられる。

　　・多雪地においては、積雪、凍結等による歩行者等の転倒を防止するため、歩行者用通路に融雪装置を設ける場合は、融雪水が滞留しないよう排水を考慮する。
　　・多雪地においては、積雪時における歩行者用通路の安全かつ円滑な通行を確保するため、雪の堆積スペースを設ける等配慮する。
　　・寒冷地及び多雪地における舗装構成及び地下埋設物の設置については、除雪機械の重量及び凍結深度を考慮する。

3.1.3　駐車場

(1) 駐車場は、敷地の有効利用を考慮し、適切に配置する。特に窓口業務を行う官署が入居する又は公共交通機関の利用が不便な場合については、効率的な駐車台数の確保、周辺環境に配慮した車路の配置等について考慮する。
(2) 植栽、舗装材料等による景観形成について考慮する。
(3) 必要に応じて、機械式駐車装置の設置について考慮する。

3.1.4　車いす使用者用駐車施設

(1) 窓口業務を行う官署が入居する庁舎、合同庁舎又は大規模庁舎の場合においては、全駐車台数が200以下の場合は、当該駐車台数に50分の1を乗じて得た数以上、また、全駐車台数が200を越える場合は、当該駐車台数に100分の1を乗じて得た数に2を加えた数以上の車いす使用者用駐車施設を設ける。
(2) 平らな場所に設ける。
(3) 庁舎の出入口のできるだけ近くに設ける。
(4) 車いす使用者用駐車施設から庁舎の出入口までの通路は、利用者が安全に通行できるよう、車路と分離し、必要に応じて、ひさし等の設置について考慮する。
(5) 車いす使用者用駐車施設の1台あたりの幅は、350cm以上とする。
(6) シンボルマークの立札、路面表示等により、車いす使用者用である旨を分かりやすく表示する。また、乗降用スペースには、斜線を路面に表示する。
(7) 道路からの出入口から車いす使用者用駐車施設まで誘導する案内表示を、必要に応じて設ける。

　車いす使用者用駐車施設は、庁舎の出入口までの動線ができるだけ短く、安全に移動できるものとなるよう、設置する位置を検討する必要がある。歩行者用通路の車いす使用者用駐車場に出入りする箇所の端部については、3.1.2(7)のとおりである。
　車いす使用者用駐車施設の表示及びここまで誘導する案内表示については、運転席からの視認性を考慮して設置することが望ましい。

立札による車いす使用者用
駐車施設の表示の例

180cm以上

建物に近い位置に設置された
車いす使用者用駐車施設

140cm以上
350cm以上（一般用）
250cm以上

充分な高さのあるひさし

歩行者が安全に歩くことの
できる歩行者用通路

P 駐車場

現在位置

立札による車いす使用者用
駐車施設への誘導標識の例

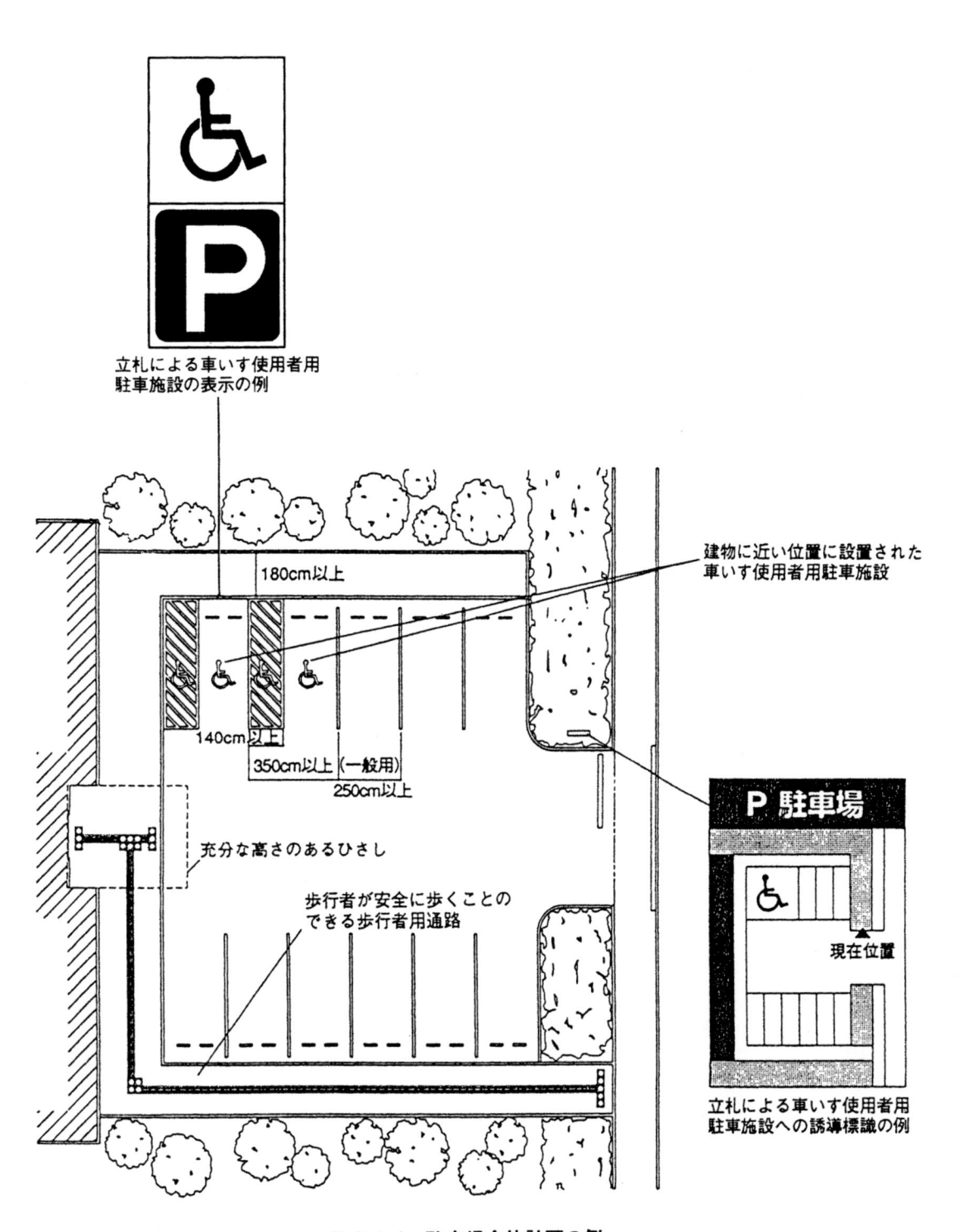

図 3.1.4　駐車場全体計画の例

3.1.5　屋外傾斜路

---

(1) 主要な歩行者用通路に設置する屋外傾斜路（以下「主要な屋外傾斜路」という。）の幅は、150 cm以上とする。ただし、階段に併設する場合は、120 cm以上とすることができる。また、勾配は、15分の1以下とする。

(2) 勾配が20分の1を超える主要な屋外傾斜路には、上端、下端及び高さ75 cm以内ごとに、また、曲がり部分、折り返し部分及び他の通路との交差部分に、踏幅150 cm以上の踊場を設ける。

(3) 路面は、濡れても滑りにくいように、粗面とし、又は滑りにくい材料で仕上げる。

(4) 路面は、その前後の通路との色の明度の差が大きいこと等により、屋外傾斜路の存在を容易に識別できるものとする。

(5) 高さが16 cmを超え、かつ、勾配が20分の1を超える部分には、両側に手すりを設けることとし、主要な屋外傾斜路については、原則として、2段手すりとする。

(6) 主要な屋外傾斜路の手すりは、踊場についても連続して設置し、始終端には十分な長さの水平部分を設ける。

(7) 主要な屋外傾斜路の手すりの端部に、現在位置、誘導方向等を示す点字表示を、必要に応じて行う。

(8) 側壁がない場合は、脱輪防止等のため、屋外傾斜路の側端に立上りを設ける。

(9) 屋外傾斜路の上端に近接する部分には、点状ブロック等を敷設する。ただし、勾配20分の1以下、又は高さ16 cm以下かつ勾配12分の1以下の場合については、この限りではない。

　手すりは、設置高さを上段75～85 cm程度、下段60～65 cm程度とし、勾配の変化に対する安全性、視覚障害者の利用等を考慮して、始終端の水平部分の長さを45 cm以上とすることが望ましい。なお、手すりの詳細は、3.5.1による。

　脱輪防止等のための側端の立上りについては、5 cm以上確保することが望ましい。

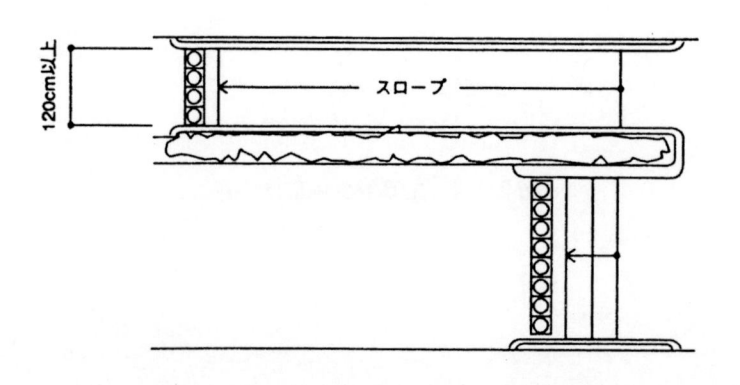

図3.1.5　階段と並行するスロープの設置例

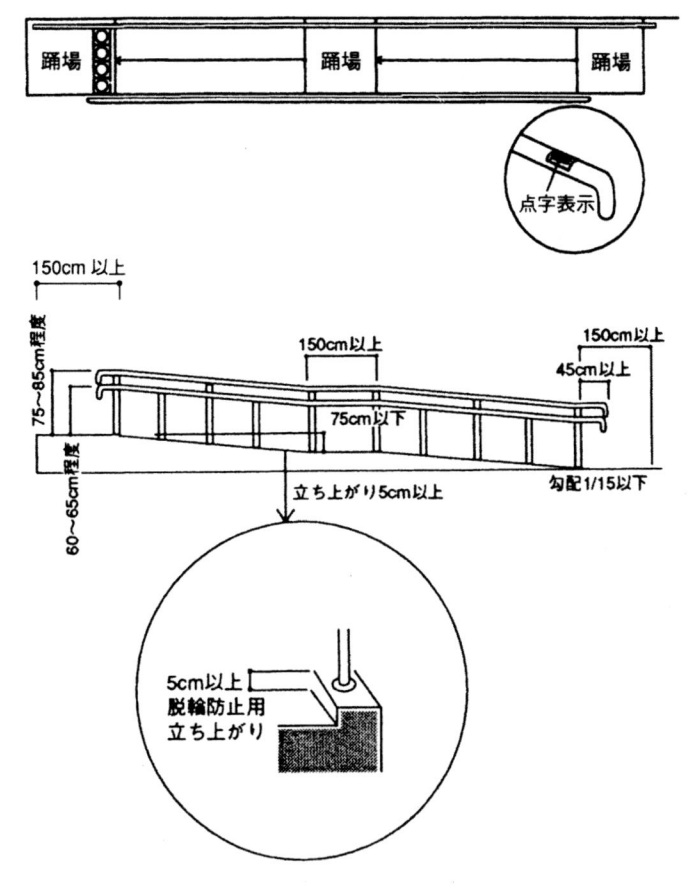

図3.1.6　手すり、踊場の設置例

3.1.6　排水溝等

(1) 歩行者等の動線経路上にある排水溝等の蓋は、杖先、キャスター等が落ち込まない構造のものとし、濡れても滑りにくい材料で仕上げる。
(2) 自動車が通過する部分に設置する排水溝等は、自動車による荷重を考慮したものとする。

　杖先やキャスター等が落ち込まないよう、蓋のスリットの間隔は、2cm以下とすることが望ましい。

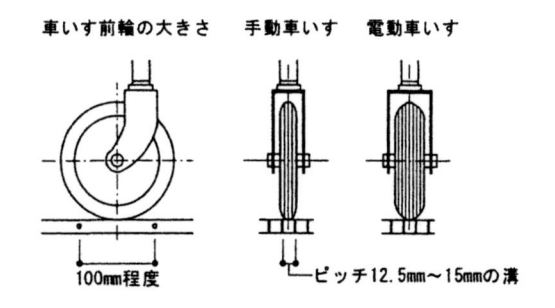

図3.1.7　排水溝等に車いすの前輪が落下しない配慮

3.1.7 緑化

> (1) 緑化面積の敷地面積に対する割合（以下「緑化率」という。）は、20％以上とすること を目標とする。
> (2) 緑化率は、地上部の緑化により確保することを基本とし、都市部等で地上部の緑化のみ で緑化率を確保できない場合は、屋上緑化等について考慮する。
> (3) 緑化面積（緑化率が20％に満たない場合は、緑化率を20％として算出した面積）の50％ 以上を樹木とする、その一部を高木とする等効果的な配植及び樹種の選定に配慮する。
> (4) 地域の環境特性、景観等に加え、植栽の育成管理について配慮する。
> (5) 必要に応じて、散水設備の設置について考慮する。

　都市における緑地の保全及び緑化の推進については、都市緑地保全法（昭和48年法律第72号）が定められているほか、市町村等による条例が定められているところであり、これらを遵守することとなるが、条例による緑化率が20％より低い場合については、「建築設計基準」に定める緑化率20％以上を目標とする。

　緑化面積とは、既存及び新植の樹木、芝、草木等により緑化された土地の面積（樹木が独立して植栽されて緑化面積を測定し難い場合は、おおむね枝葉の水平投影面積）をいう。樹木については、樹高により、次のとおり分類する。

- 高木：通常の成木で樹高が3m以上で、植栽時に樹高が1.5m以上の樹木
- 中木：通常の成木で樹高が1m以上3m未満の樹木
- 低木：通常の成木で樹高が1m未満の樹木

　緑化に当たっては、樹木を適切に配植する等環境負荷低減効果に配慮するとともに、地域の自然環境、植生等を考慮し、適切な樹種を選定することが必要である。なお、屋上緑化を行う場合は、屋上からの熱負荷低減効果に加え、保守管理のしやすさを考慮することが必要である。

3.1.8 憩いの空間

> (1) 窓口業務を行う官署が入居する庁舎、合同庁舎又は大規模庁舎の場合においては、地域 との連携に配慮しつつ、敷地の出入口付近等外部からも利用しやすい位置に休憩スペース を設ける。
> (2) 休憩スペースは、魅力的な空間となるよう配慮する。

　休憩スペースには、休憩のためのベンチ等を設置するほか、植栽等により魅力的な空間となるよう配慮する。

3.2 外部設計

3.2.1 外部に面する建築非構造部材

(1) 外部に面する建築非構造部材の材料及び工法は、大地震動時の変形、経年劣化等によってはく落しないよう十分考慮したものとする。
(2) 2階以上の外壁等にタイルを使用する場合は、次に掲げる事項を考慮して、はく落による危険の防止を図る。
　① 各階ごと又は最下階に有効なひさしを設ける。
　② 各階ごと又は最下階に有効なひさしを設けない場合は、建築物の周囲に植込等を設け、人が壁面等に近づかないようにするとともに、出入口等通路となる箇所には、有効なひさしを設ける。
(3) 見上げ面、ひさしの鼻等に仕上げを行う場合の材料及び工法は、はく落しないよう十分考慮したものとする。

3.2.2 外壁等

(1) 屋根及び外壁の断熱について考慮する。
(2) 下階がピロティ、車庫、機械室等となる居室等については、床版下の断熱について考慮する。
(3) 必要に応じて、窓、出入口等の開口部又は接地床の断熱について考慮する。
(4) 過大な日射の進入を防ぐため、必要に応じて、窓等の日射遮蔽について考慮する。
(5) ガラス等の外壁面による日射の反射の近隣への影響に配慮する。
(6) ヒートブリッジの防止等により、屋外に面する壁及び建具の結露の防止又は低減を図るとともに、結露水の処理について考慮する。

　地域別の標準的な断熱材の設置範囲、部位別の断熱材の設置詳細例及び熱貫流率の計算例については、「資料4　断熱材の設置例」を参考とされたい。
　また、開口部の熱負荷については、「資料9　開口部の熱負荷に関する資料」を参考とされたい。

3.2.3 積雪に対する屋根及びひさしの安全性の確保等

(1) 必要に応じて、傾斜屋根等は、氷雪の落下による危険の防止を考慮する。
(2) 必要に応じて、凍結等による、屋根、ひさし、パラペット等の端部等の損傷の防止を考慮する。

特に寒冷地及び多雪地においては、次のような点等に留意する必要がある。
- 屋根及びひさしのほか、外部建具の水切の形状等にも留意する。
- 傾斜屋根等で、氷雪の自然落下を図る場合等については、庁舎と道路、隣地又は構内通路との間隔を十分確保する等の対策を講ずる。また、断熱、融雪等の対策により、すがもり又はつららの発生の防止に配慮する。
- パラペット天端については、金属製笠木を用いる、融雪の対策をとる等、凍結による破損及び落下の防止に配慮する。

3.2.4 外部床の凍結防止等

> 必要に応じて、ポーチ、傾斜路等の外部床は、凍結防止及び凍上による損傷の防止を考慮する。

特に寒冷地及び多雪地においては、ポーチ、スロープ等の床面下に断熱材を敷き込み、外周先端部を凍結深度より深く下げる、必要に応じて融雪装置を設置する等の対策を講ずる必要がある。

3.2.5 換気口等

> (1) 給気口及び排気口、冷却塔及び煙突等は、十分な距離を確保して配置する。
> (2) 換気口及び換気ガラリについては、風、雨又は雪の吹き込みの防止を考慮する。
> (3) 煙突等は、稼働時の安全性を考慮して、位置、高さ等を設定する。

寒冷地及び多雪地の換気塔等の突出部の高さについては、積雪量を考慮する。

3.2.6 ルーフドレン、とい等

> (1) ルーフドレンの数及び径は、最大降水量、屋根面積等を考慮したものとし、余裕ある処理水量を確保する。
> (2) といについては、必要に応じて、結露又は凍結の防止を考慮する。
> (3) 地下室、地下ピット等を設ける場合は、浸水防止を十分考慮する。

といの径については、横引きの有無についても考慮することが必要である。

3.2.7 付属物

> (1) 玄関付近には、必要に応じて、くつふきマットを設ける。なお、くつふきマットを設ける場合は、床と同一面となるよう配慮する。
> (2) 屋外掲示板は、その目的に応じて、道路、歩行者用通路等から見やすいように設ける。
> (3) けん垂幕用取付け金物は、掲示物が道路等から見やすい位置に、必要に応じて設ける。
> (4) 郵便受け、新聞受け又は旗竿受け金物は、使いやすい位置に設ける。

　屋外掲示板、郵便受け等については、施設の用途、機能、入居する機関の業務形態等に応じて、適切に設置することが必要である。
　けん垂幕用取付け金物を設置する場合については、けん垂幕を取り付ける際の安全性を十分考慮することが必要である。
　また、特に寒冷地及び多雪地においては、次のような点等に留意する必要がある。
  ・屋外掲示板、給油口及び消火栓の周囲には、必要に応じて融雪装置を設ける等積雪時にも使用できるよう配慮する。
  ・煙突、排気塔及び屋外設備機器等の設置方法については、着雪及び凍結融解による破損の防止を考慮する。
  ・受水タンクを設ける場合は、屋内に設置場所を設ける等凍結防止を考慮する。

3.3 各室設計

＜執務室関係＞

3.3.1 事務室

> (1) 窓口業務を行う事務室等不特定かつ多数の人が利用する事務室は、利用者の利便を考慮して、原則として、庁舎の主要な出入口がある階に設ける。
> (2) 機能上又は執務効率上支障のない限り、大部屋とし、フレキシビリティを確保する。
> (3) 窓口には必要に応じてカウンターを設け、待合いと執務を行う部分は一体感のあるものとする。
> (4) 天井高は、原則として、2.6 m以上とする。
> (5) 快適な執務環境の確保及び執務効率のよい事務機器等のレイアウトに配慮する。
> (6) フリーアクセスフロアの設置、ＶＤＴ作業を考慮した照明等ＯＡ機器の設置環境の確保に配慮する。
> (7) 書架等を設ける場合は、鋼製とし、地震動により転倒又は移動しないように、壁又は床に固定する。

　不特定かつ多数の来庁者が利用する事務室が、複数ある場合については、来庁者の多いも

のを低層階やエレベーターから便利な位置に配置する等配慮することが望ましい。

また、カウンターの詳細については、3.5.2のとおりである。

事務室への出入口の構造については、3.3.26による。

フリーアクセスフロアの設置に当たっては、設置する室の用途等に応じて適切な性能のものを選択することが必要である。また、設置範囲の設定に当たっては、情報機器の増設、更新、レイアウト変更等への対応のほか、耐荷重性能以上の重量物（特に重量のある荷物を運ぶ台車等）が通行する場所への設置を避ける等についても検討する必要がある。

3.3.2　上級室

> (1) タイルカーペット、カーテン等及び洗面器の有無は、原則として、別表1による。
> (2) 遮音について十分考慮する。

別表1については、本文を参照のこと。

3.3.3　固有業務室

> 業務内容に応じた合理的なものとする。

＜付属室関係＞

3.3.4　会議室

> (1) 不特定かつ多数の人が利用する会議室は、交通部分より直接出入りできる位置に設けるとともに、便所及び湯沸室の利用しやすさに配慮する。
> (2) 不特定かつ多数の人が利用する会議室については、防災及び避難について特に考慮する。
> (3) 室内の吸音及び遮音について十分考慮する。
> (4) 必要に応じて、多様な利用形態、他の機能との共用等を考慮し、フレキシビリティを確保する。
> (5) 視聴覚機器の利用を考慮した暗幕用カーテンボックス、スクリーンボックス、機器の設置のための下地等のほか、白板、ピクチャーレール等を、必要に応じて設ける。
> (6) 机、椅子等の収納スペース、移動間仕切等を、必要に応じて設ける。

複数官署が利用する共用会議室についても、各官署から利用しやすい位置に配置するよう配慮することが必要である。

3.3.5　コンピュータ室

> (1) 地震等の災害、部外者の侵入等に対する安全性の確保を十分考慮する。
> (2) コンピュータ室の出入口及び機器の搬出入経路は、機器の寸法を考慮したものとするほか、必要に応じて、搬出入用バルコニーを設ける。
> (3) 床は、機器配線を考慮してフリーアクセスフロアとし、フリーアクセスフロア上は帯電防止を、配線スペースは防じんを考慮した仕上げとする。
> (4) 室内の吸音及び隣接室等に対する遮音について十分考慮する。
> (5) 断熱及び結露防止を考慮する。
> (6) 浸水又は上部等からの漏水の防止を十分考慮する。

　フリーアクセスフロアの設置に当たっては、耐震性の確保等に留意する必要がある。
　また、コンピュータ室を地下階に設置しない等により浸水防止を図る、水系の配管を通過させない、床及び壁の防水を確保する等水損の防止に十分留意することが必要である。

3.3.6　ＯＡ機器等の事務機器室

> (1) 事務機器の種類及び利用状況に応じて、利便性を考慮し、事務室内又は事務室の近くに設ける。
> (2) 適切なコンセントの配置、ＯＡ機器の使用を考慮した照明設備、フリーアクセスフロア等による配線経路の確保等ＯＡ機器の設置環境の確保に配慮する。
> (3) 室内の吸音及び隣接室等に対する遮音について十分考慮する。

3.3.7　電話交換諸室（中継台室、交換機室、休憩室等）

> (1) 中継台が必要な場合は、騒音の少ない位置に設け、吸音及び遮音について十分考慮する。
> (2) 小規模な中継台室には、休憩スペースを設ける。
> (3) 大規模な電話交換の場合は、中継台室、交換機室、電池室又は休憩室を、必要に応じて設ける。

3.3.8　書庫

> (1) 耐火書庫は、他の部分と防火区画する。
> (2) 防湿及び防露について考慮する。
> (3) 床は、防じんを考慮したものとする。
> (4) 書架は、結露防止を考慮し、原則として、外壁に接して配列しない。
> (5) 書架は、鋼製とし、地震動により転倒又は移動しないように、壁又は床に固定する。

3.3.9　倉庫

> (1) 用紙又は事務用品を収納する倉庫は、事務室の近くに設ける。
> (2) 用途により必要に応じて、防湿及び防露について考慮する。
> (3) 用途により必要に応じて、床は、防じんを考慮したものとする。
> (4) 棚を設ける場合は、鋼製とし、地震動により転倒又は移動しないように、壁又は床に固定する。

3.3.10　受付及び守衛室

> (1) 案内のための受付を設ける場合は、庁舎の主要な出入口の玄関ホールに面した位置に設ける。
> (2) 守衛室は、庁舎への出入りを管理しやすい位置に設ける。

　来庁者への分かりやすさ、庁舎への出入りの管理のしやすさ等を考慮し、受付及び守衛室は玄関ホールに面した位置に設ける。

3.3.11　宿直室

> (1) 夜間、庁舎を管理しやすい位置に設ける。
> (2) 夜間受付用インターホン、テレビ受信用アウトレット及び火災報知等の警報設備の設置に配慮する。

　守衛室や防災センターとのつながりを考慮した位置に配置することが必要である。

3.3.12 防災センター

> 原則として、避難階で、かつ、庁舎を管理しやすい位置に設ける。

3.3.13 一般の便所及び洗面所

> (1) 便所は、男女別とする。
> (2) 男子便所及び女子便所に、各々1個以上の洋風便器の便房を設け、男子便所に、1個以上の床置式の小便器その他これに類する小便器（以下「床置式小便器」という。）を設ける。また、庁舎の主要な出入口のある階又は窓口業務を行う階の男子便所の床置式小便器には、1個以上に手すりを設ける。
> (3) 必要に応じて、手すりを設けた便房を設ける。
> (4) 庁舎の主要な出入口のある階又は窓口業務を行う階の男子便所及び女子便所の洗面スペースの洗面器には、1個以上に手すりを設ける。ただし、洗面カウンターを設ける場合は、十分に補強することにより、これに代えることができる。
> (5) 通路から内部が見通されないよう配慮する。特に扉を設けない場合は、十分留意した平面計画とする。また、屋外からも見通されないよう配慮する。
> (6) 床面は、濡れても滑りにくい材料で仕上げる。
> (7) 清掃方法を湿式とする場合等については、床は、防水及び排水を考慮したものとする。
> (8) 掃除用流し及び掃除具入れを設ける。

庁舎の主要な出入口のある階や窓口業務を行う階に設置する便所については、必要に応じて子供連れの来庁者を考慮し、乳幼児用ベッド又は乳幼児用イスの設置等についても配慮することが望ましい。

手すりを設けた便房を設置する場合は、多機能便所に加えて、車いす使用者が当該便房を利用できるよう、便房、通路等の寸法、操作部等の配置を設定することが望ましい。

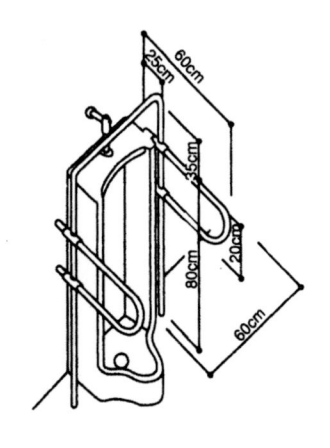

図3.3.1　小便器の手すりの例

3.3.14　多機能便所

(1) 主要階には、原則として、車いす使用者及びその他の多様な利用者の利用を考慮した多機能便所を各階に一箇所以上設ける。
(2) 多機能便所は、一般の便所と一体的に又は近接して設置する。
(3) 出入口の幅は、90cm以上とする。
(4) 戸は引き戸として、自動式とするか、開閉が容易なよう配慮する。
(5) 車いす使用者が円滑に利用できる空間を確保する。
(6) 床面は、濡れても滑りにくい材料で仕上げる。
(7) 清掃方法を湿式とする場合等については、床は、防水及び排水を考慮したものとする。
(8) 移動、便座への移乗等に配慮して、手すりを設ける。
(9) ペーパーホルダー、洗浄弁の押しボタン、呼出ボタン等は、使いやすく、分かりやすい位置に配置する。
(10) 庁舎の主要な出入口のある階、窓口業務を行う階その他利用者の多い階等については、施設又は当該階の用途、機能等に応じて、適切に次に掲げる設備等を付加する。なお、窓口業務を行う官署が入居する庁舎においては、原則として、各々一箇所以上に、次に掲げる①及び②の設備を付加する。
　　① オストメイト用の汚物流し等
　　② 大人が使用できる大型ベッド
　　③ 乳幼児用ベッド
　　④ 乳幼児用イス
(11) 多機能便所を複数設置する場合は、左右の使い勝手又は付加する設備等が異なるものを適切に設置する。
(12) 介助者の同伴について考慮する。
(13) 多機能便所の出入口付近の分かりやすい位置に、便所内に設けている機能について表示する。

●扉
　　扉の詳細は、3.5.3(3)による。

●空間の確保

　車いす使用者の円滑な利用のためには、内法で 2m 角程度以上を確保することが必要であり、ライニング、汚物流し、ベッド等を設置する場合については、これらの寸法を考慮することが必要である。また、前方や側方からの便器の利用を考慮し、便器の前及び可動手すりの脇の寸法を確保することが必要であり、洗面器等の設置位置に留意が必要である。

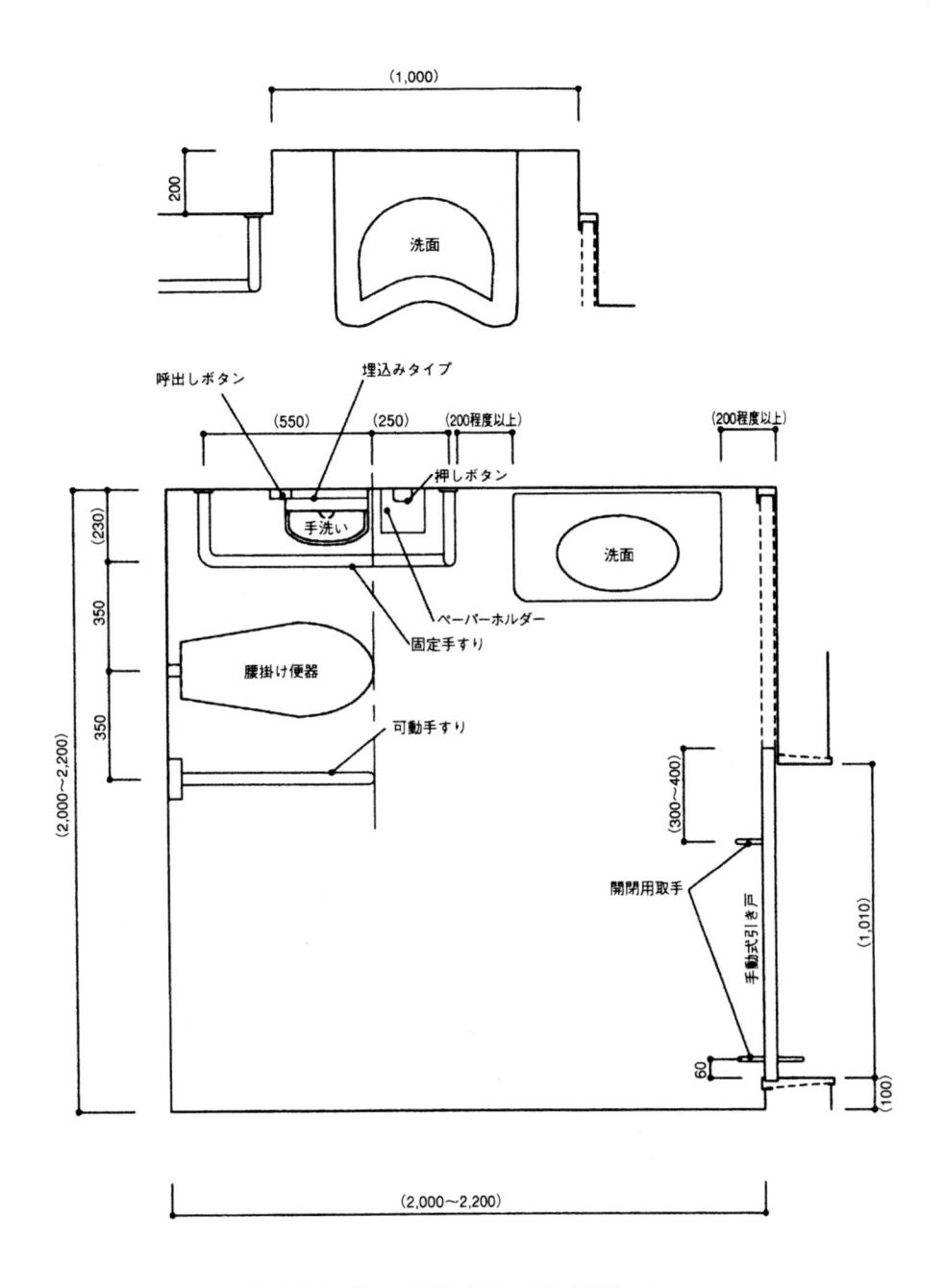

図 3.3.2 ①　多機能便所の例（単位 mm）

● 便器まわり及び洗面器の留意事項

　ペーパーホルダー、洗浄弁の押しボタン等は、便座からでも、車いすに座った状態でも使用できる位置に設置する必要がある。また、便器背もたれを設置する場合は、多様な利用者が無理のない姿勢を確保できるよう留意する必要がある。手すりの詳細は、3.5.1 による。

　洗面器については、下部及び周囲のスペースの確保に留意する必要があり、特に薄型洗面器を用いる場合は、斜めからの利用を考慮し、側面の壁等からの離れの確保についても留意する必要がある。（図 3.3.3 参照）

　便器又は洗面器の近くで、アプローチや移乗の支障とならない位置に荷物棚を設置することが望ましい。また、汚物流しを設ける場合は、ライニングの活用、荷物棚の設置等により、汚物流しの使用に当たり荷物を置く場所を設けることが望ましい。

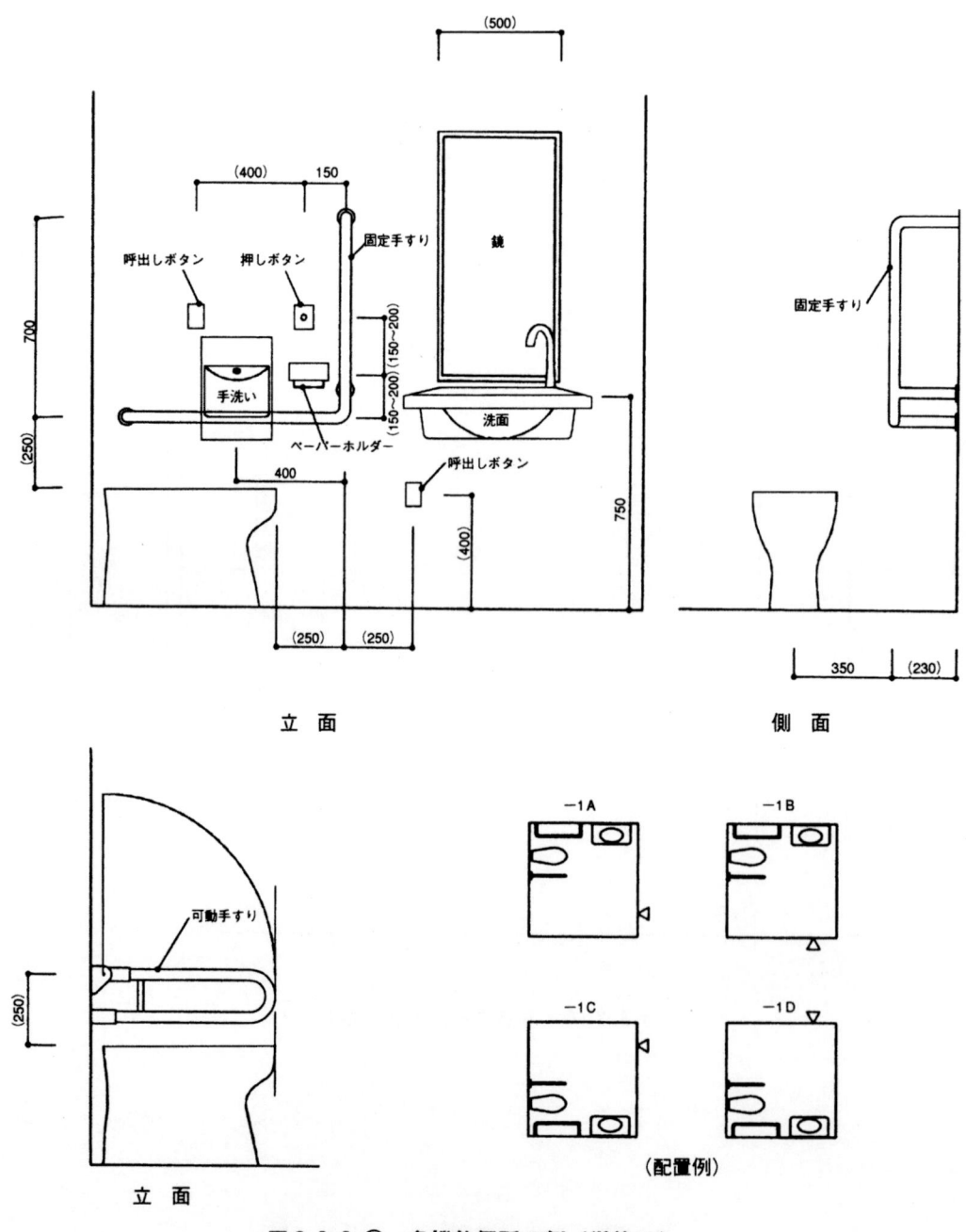

図 3.3.2 ②　多機能便所の例（単位 mm）

●付加設備の設置に当たっての留意事項

　折りたたみ式ベッドを設置する場合は、ベッドが開いた状態でも車いす使用者が便所内に入れるよう、ベッド及び入口を配置することが望ましい。また、ベッド上で身体を動かす際の支障とならないよう、また、乳幼児がすき間から落下しないよう、壁からの離れを検討する必要がある。（図3.3.5、6参照）

　原則として、各々一箇所以上に、オストメイト用の汚物流し（図3.3.4参照）等及び大人が使用できる大型ベッドを設置することとしているが、子供連れの来庁者を考慮し、乳幼児用のベッドやイスについても適切に設置することが望ましい。なお、これらについては、一般の便所への設置を含めて検討することが望ましい。

　出入口付近に乳幼児用イス等を設置する場合、通行の妨げとならないよう袖壁の長さ等の設定に当たり留意する。（図3.3.5、7参照）

●介助者

　介助者の同伴については、折りたたみ式ベッドを開いた状態でも必要な動作が出来るスペースを確保する、待機スペースを確保する等配慮することが望ましい。

●便所内での移動を補助する手すり

　便所内の入口脇等に水平手すりを設置する場合は、設置高さを750～850mm程度とし、壁と手すりの間に腕が落ち込まないよう、壁からの離れの設定に当たり留意する。

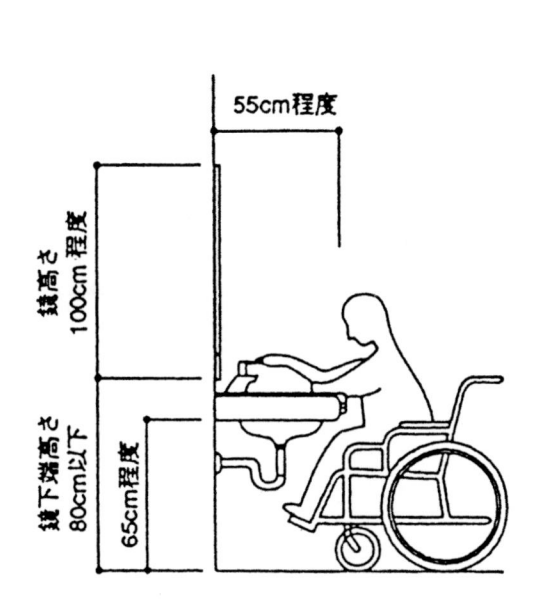

図3.3.3　車いすで利用可能な洗面器の例

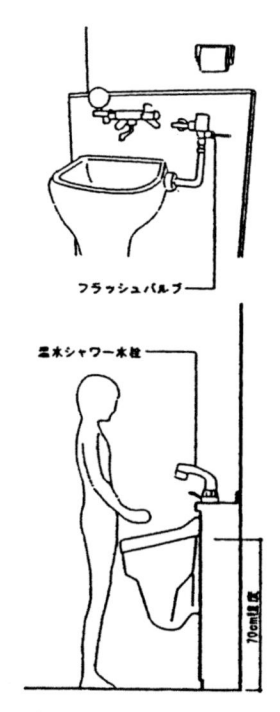

図3.3.4　汚物流し（オストメイトに配慮した設備）の例

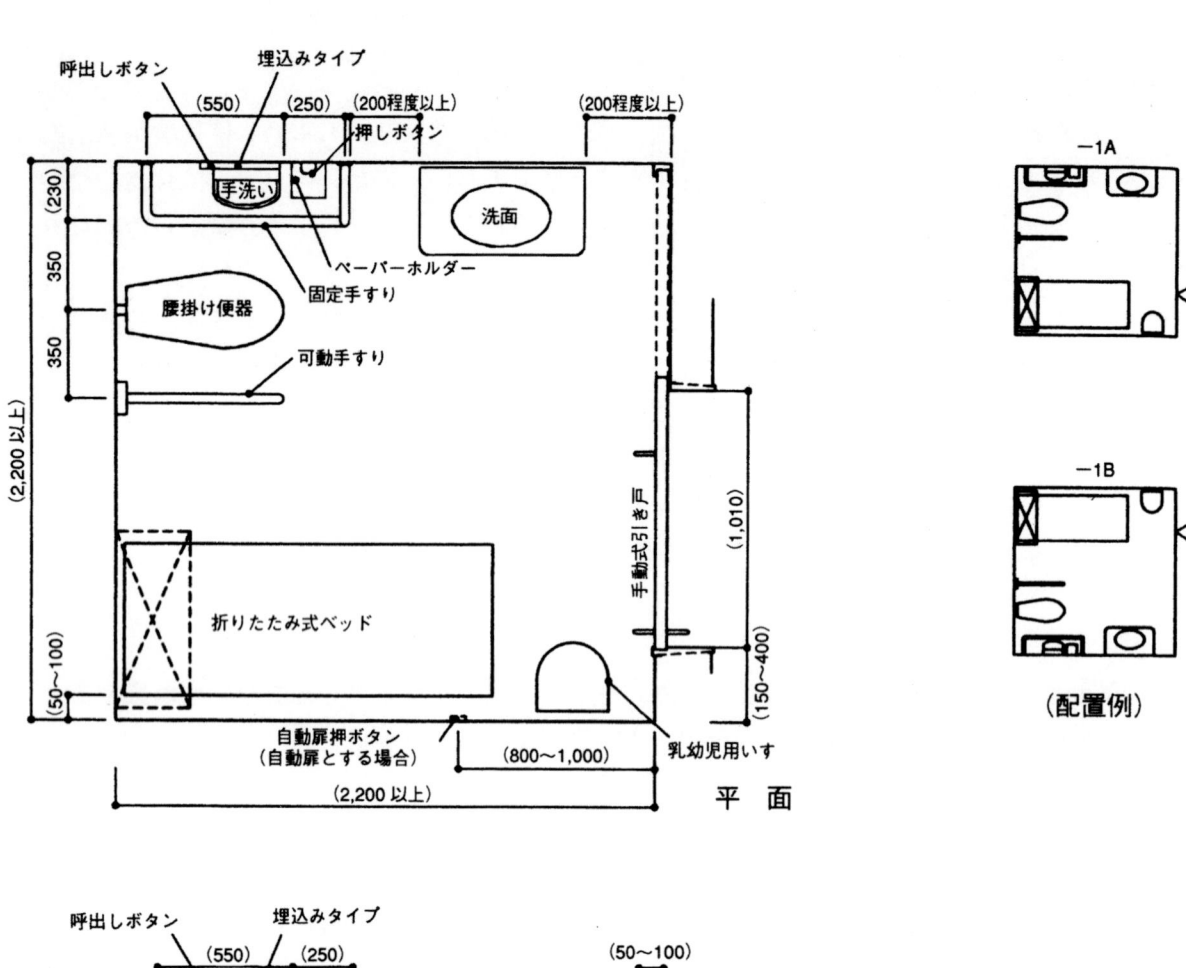

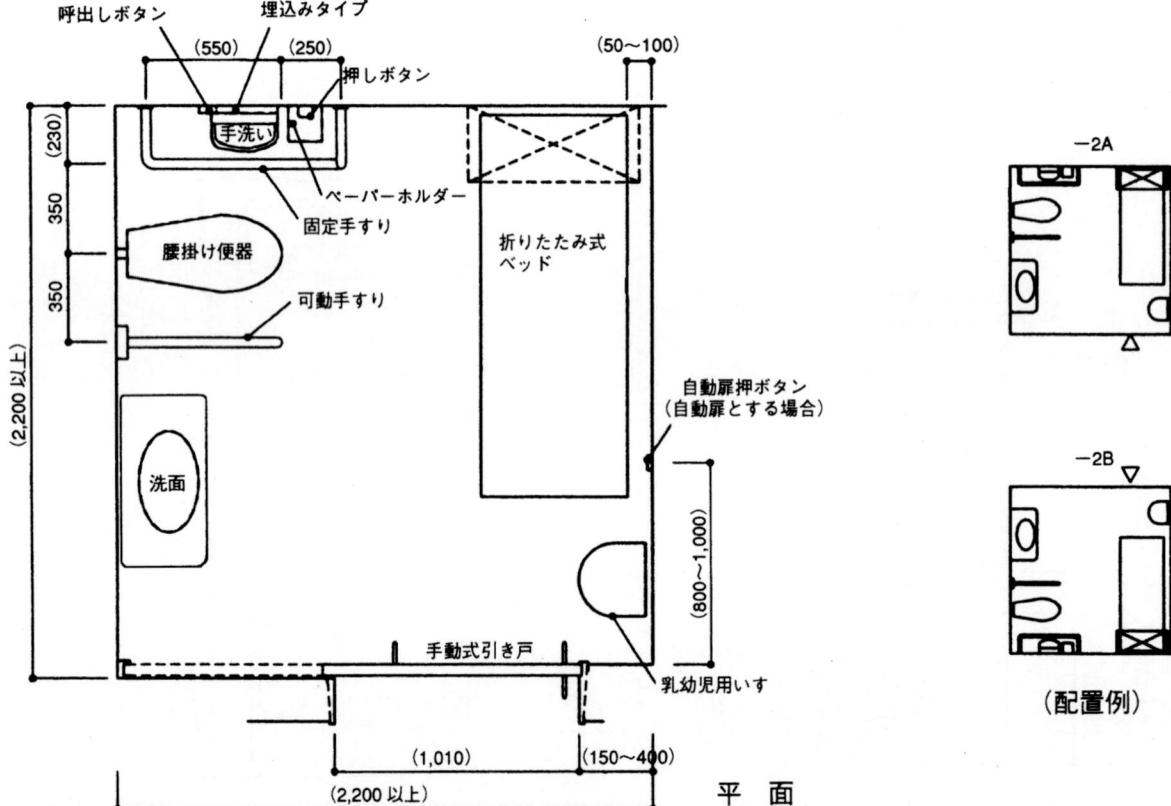

図 3.3.5 ベッドを設置する場合（単位mm）

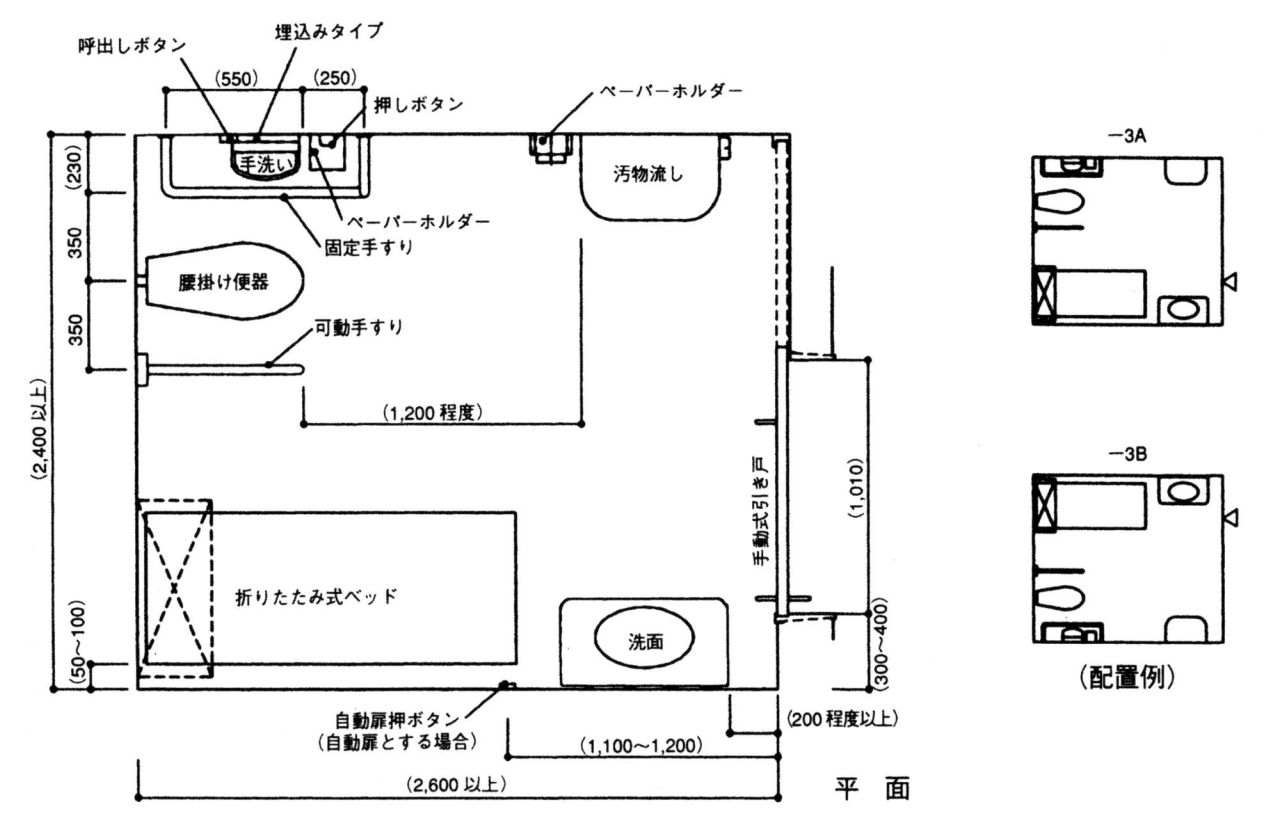

図 3.3.6　ベッド及び汚物流しを設置する場合（単位mm）

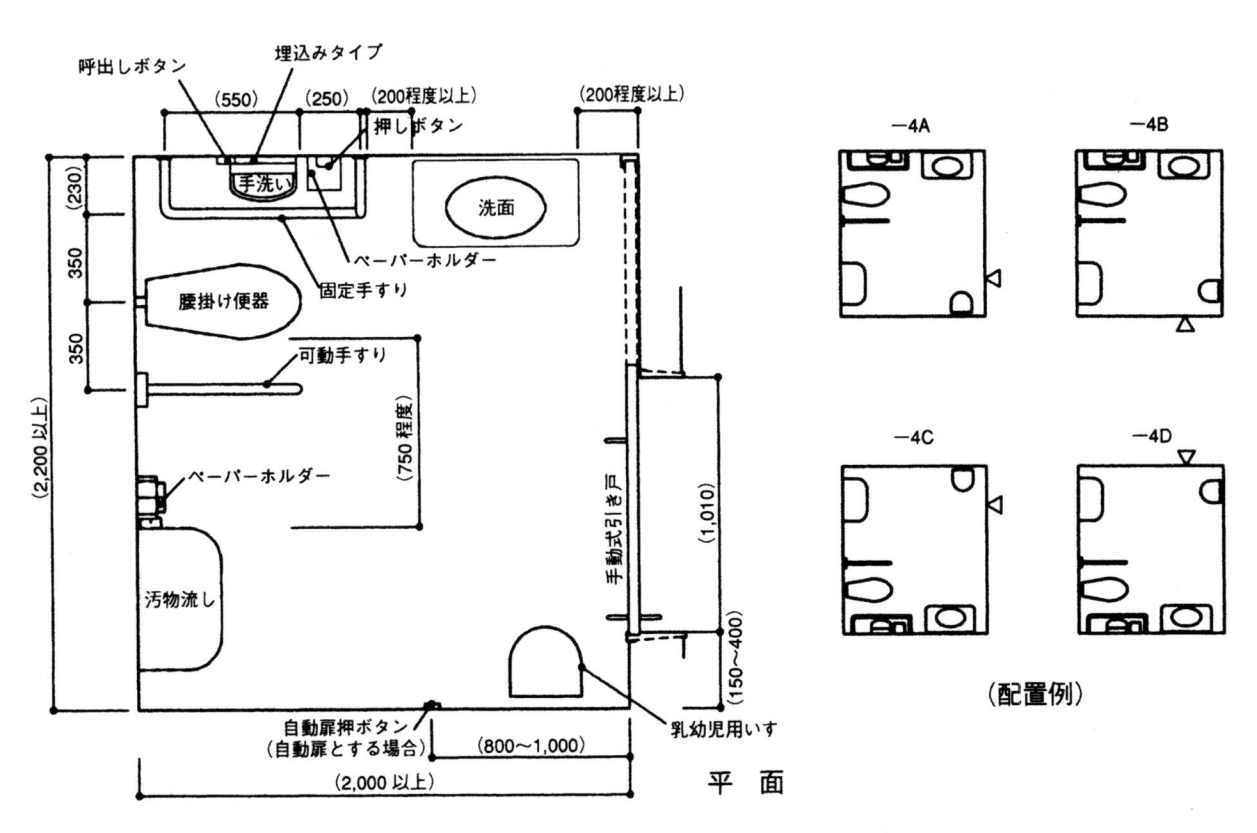

図 3.3.7　汚物流しを設置する場合（単位mm）

3.3.15 湯沸室

(1) 各事務室から便利な位置に設ける。
(2) 清掃方法を湿式とする場合等については、床は、防水及び排水を考慮したものとする。
(3) 必要に応じて、流し台、こんろ台、吊り戸棚、水切り棚、換気フード等を設置し、備品等の設置スペースを確保する。

3.3.16 ゴミ置場

(1) ゴミの搬出経路を考慮した位置に設ける。
(2) ゴミの分別収集を考慮したスペースを確保する。

3.3.17 浴室及び脱衣室

(1) 天井面の結露防止及び結露水の処理について考慮する。
(2) 浴室の床は、防水及び排水を考慮したものとする。
(3) 浴室又は脱衣室の床面は、濡れても滑りにくい材料で仕上げる。
(4) 脱衣室には、脱衣箱又は洗面器具を、必要に応じて設ける。

＜厚生関係諸室＞

3.3.18 食堂及び厨房

(1) 食堂は、利用しやすく、執務環境を損なわない位置に設ける。
(2) 施設の実情に応じたサービス方法を考慮する。
(3) 利用者の滞留するショーケース、レジ及びカウンターの周辺は、十分なスペースを確保する。
(4) カウンターの材料は、熱、水及び摩耗に強いものとする。
(5) 関係法令等に従い、又は必要に応じて、食堂職員専用の更衣室又は便所、食品庫等を設ける。
(6) 食堂職員専用の更衣室、便所等には、原則として、前室を設ける。
(7) 厨房は、隣室及び下階に対する遮音について十分考慮する。
(8) 厨房関係諸室間の動線は、原則として、共用部を経由しないものとする。
(9) 原材料の搬入及び厨芥等の搬出の経路の確保について考慮する。
(10) 厨房は、業務形態を考慮し、円滑なサービスができる厨房機器等の配置に配慮する。
(11) 厨房は、汚染区域、非汚染区域を明確にし、食材、食器、ゴミ等の流れを十分考慮した配置とする。

(12) 厨房は、防虫、防鼠、防臭等を考慮したものとする。
(13) 厨房の床は、掃除しやすく、かつ、滑りにくい材料で、壁は汚れにくい材料で仕上げる。
(14) 清掃方法を湿式とする場合等については、厨房の床は、防水及び排水を考慮したものとし、排水勾配を適切に確保する。
(15) 排水溝は、厨芥、グリース等が付着しにくい仕上げとし、排水勾配を適切に確保する。
(16) 厨房排水槽については、腐食対策を考慮する。

その他食品衛生法等の関係法令に従い、必要な設備を設ける。

3.3.19 医務室

(1) 職員の健康診断のためのスペースを、必要に応じて確保する。
(2) 騒音又は振動が少ない位置に設けるとともに、遮音について考慮する。
(3) 外部から見通されないよう配慮する。
(4) 床は、耐薬品性を考慮したものとする。

その他の厚生関係諸室として、理髪室又は美容室を設ける場合は、理容師法、美容師法等の関係法令に従い、必要な設備を設けるとともに、耐薬品性を考慮した床仕上げとする等配慮する。

＜設備関係諸室＞

3.3.20 設備関係諸室（機械室、電気室、発電機室、中央監視室等）

(1) 収容する機器に応じて、必要な天井高及び梁下の高さを確保するとともに、荷重を考慮する。
(2) 機器の搬出入経路及び保守点検スペースを確保する。
(3) 中央監視室、控室等を、必要に応じて設ける。なお、地階に設ける場合は、避難の確保を十分に考慮する。
(4) 電気室、発電機室又は配線室は、浸水により機能を損なわないよう十分考慮する。直上には、原則として水を使用する室を配置しないこととし、やむを得ず配置する場合は、防水処理を十分に行う。また、給排水管、ガス管又は油管が電気室等を通過しないよう配慮する。
(5) 設備機器からの騒音又は振動の伝搬を抑制するため、必要に応じて、防振基礎の設置、壁の吸音性又は遮音性の確保等の対策を講ずる。
(6) 機械室、電気室等の扉は、避難を考慮して、原則として、外開きとする。なお、機械室には、二箇所以上の出入口を設ける。
(7) 床は、防じんを考慮したものとする。

> (8) 蓄電池室の床は、設置する蓄電池の種類により必要に応じて、耐酸性等を考慮したものとする。
> (9) 非常用照明の電源が蓄電池別置型の場合、このための分電盤を設置する配線室は、防火区画したものとする。

＜交通部分＞

3.3.21　玄関

> (1) 庁舎の主要な出入口は、原則として、一箇所とする。ただし、合同庁舎又は総合庁舎において、次に掲げる場合は、必要に応じて、専用出入口を設ける。
> 　① 窓口業務を行う官署のうち、来庁者の多い官署が入居する場合
> 　② 人権上の配慮を要する官署が入居する場合
> 　③ 24時間業務体制の官署が入居する場合
> (2) 庁舎の主要な出入口は、幅120cm以上でスライド式自動扉とする。また、風除室は、地域性、風向き等を考慮し、適切に設ける。
> (3) その他の出入口は、幅90cm以上とし、車いす使用者が容易に開閉して通過できる構造とする。
> (4) 出入口周辺の床面は、濡れても滑りにくいように、粗面とし、又は滑りにくい材料で仕上げる。
> (5) 出入口には、車いす使用者の通過の支障となる段を設けず、出入口の前後には十分な広さの水平部分を確保する。
> (6) 雨天時の出入りに配慮し、出入口には、原則として、ひさしを設ける。
> (7) 出入口の大きなガラス面は、十分な安全性を持つものとするとともに、ガラス面の存在を識別できるよう配慮する。また、杖、車いす等の衝突によってガラスが破損しないよう、下框の高さの設定等に配慮する。
> (8) 夜間に使用する出入口付近は、安全に通行できるよう照明の設置等に配慮する。
> (9) 受付を設けない場合等は、玄関付近に呼出し設備を設け、呼出し設備まで視覚障害者誘導用ブロック等を敷設する。

　必要に応じて専用出入口を設ける官署としては、次のようなものがある。
　　① 窓口業務を行う官署のうち、来庁者の多い官署が入居する場合
　　　　公共職業安定所、地方法務局等
　　② 人権上の配慮を要する官署が入居する場合
　　　　検察庁、麻薬取締官事務所等
　　③ 24時間業務体制の官署が入居する場合
　　　　気象台、海上保安本部等
　出入口の前後に設ける水平部分は、150cm角以上確保すること望ましい。
　ガラスについては、「改訂版『ガラスを用いた開口部の安全設計指針』について」（平成3

年建設省住指発第134号、135号）等を参照しつつ、十分な安全性を持つものを選択することが必要である。また、無色透明の大きなガラス面については、目の高さに目印を設ける等衝突防止に留意する必要がある。

通行の支障とならないよう、傘立て等の設置場所についても考慮することが望ましい。

3.3.22 玄関ホール

> (1) 玄関から分かりやすい位置に、庁舎総合案内板を設け、また、必要に応じて受付を設ける。受付及び庁舎総合案内板は、近接した位置に設ける等連携に配慮する。
> (2) 必要に応じて、点字による庁舎総合案内板等を設け、その前まで視覚障害者誘導用ブロック等を敷設する。なお、受付を設ける場合は、受付に近接した位置に設ける。
> (3) 庁舎の主要な出入口から受付等まで、視覚障害者誘導用ブロック等を敷設する。

来庁者の案内の拠点となるため、分かりやすい空間構成、案内表示等に配慮することが必要である。

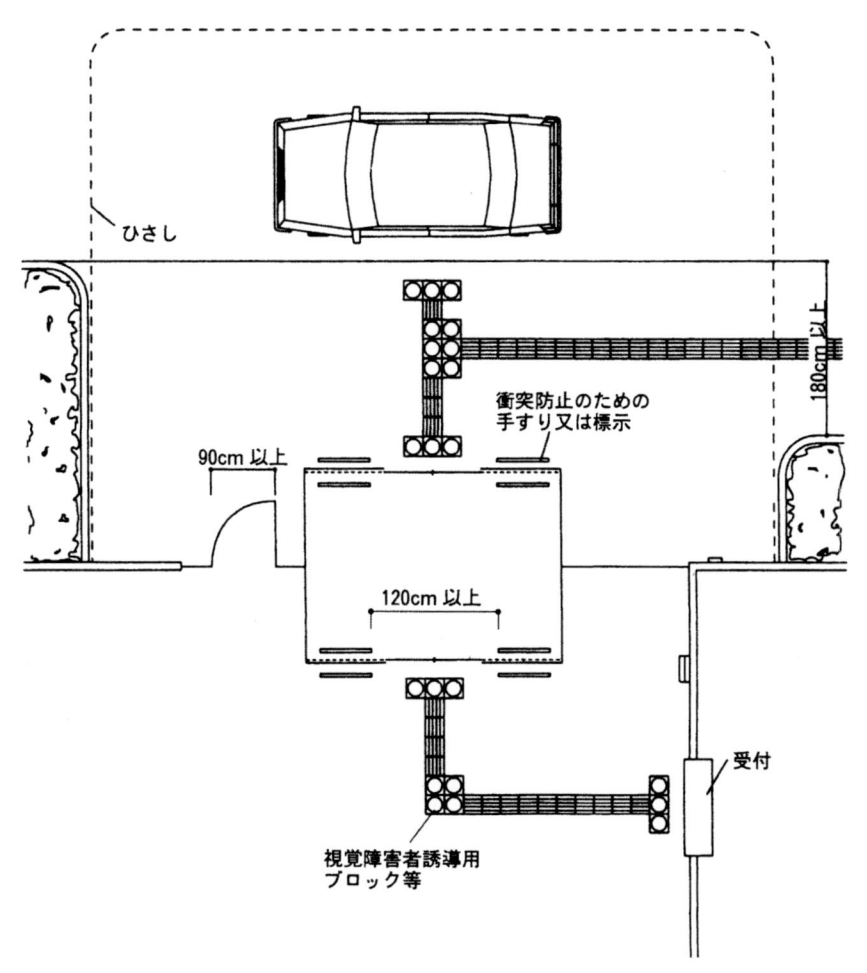

図 3.3.8　玄関廻りの設計例

3.3.23 階段

> (1) 主要な階段は、分かりやすい位置に設ける。
> (2) 主要な階段の幅は、150 cm以上とする。
> (3) 主要な階段は、けあげ寸法16 cm以下、踏面寸法30 cm以上とし、回り段を設けない。
> (4) 床面は、粗面とし、又は滑りにくい材料で仕上げる。
> (5) 踏面の端部とその周囲の部分との色の明度の差が大きいこと等により、段を容易に識別できるものとする。
> (6) 段鼻の突き出しがないこと等により、つまずきにくい構造とする。
> (7) 階段の上端に近接する廊下等又は踊場の部分に、点状ブロック等を敷設する。
> (8) 主要な階段には、両側に手すりを設ける。また、施設の用途、機能等により必要に応じて、2段手すりとする。
> (9) 主要な階段の手すりは、踊場についてもできる限り連続して設置し、始終端には十分な長さの水平部分を設ける。
> (10)手すり壁等の高さ、形状等は、落下防止を十分考慮したものとする。また、側面を手すり子形式とする場合は、杖の脱落防止等のため、踏面の側端に立上がりを設ける。
> (11)主要な階段の手すりの端部に、現在位置、誘導方向等を示す点字表示を行う。

　手すりは、設置高さを75～85 cm程度（2段手すりとする場合、下段は60～65 cm程度）とし、階段の上端では45 cm以上水平に延長、下端では斜めの部分を含めて段鼻から45 cm以上延長することが望ましい。また、手すりの詳細は、3.5.1による。
　杖の脱落防止等のための側端の立上りについては、5 cm以上確保することが望ましい。
　手すり壁等は、施設の用途、階段の利用形態等を考慮しつつ、落下防止に十分留意して、高さ、仕様等を設定する必要がある。（主要な階段の上端、バルコニー等では、足がかりから高さ 1,100mm 以上とする。）特に手すり子形式とする場合については、横桟等足がかりとなるものを設けない、手すり子の間隔を十分に小さくする（原則として110mm以下とする。）等配慮する必要がある。
　階段の上端の点状ブロック等については、踏み外す危険を考慮し、段鼻から 30 cm程度離して敷設する。玄関から階段まで連続的に視覚障害者誘導用ブロック等を敷設し、誘導している場合等については、下端への点状ブロック等の敷設についても考慮する必要がある。

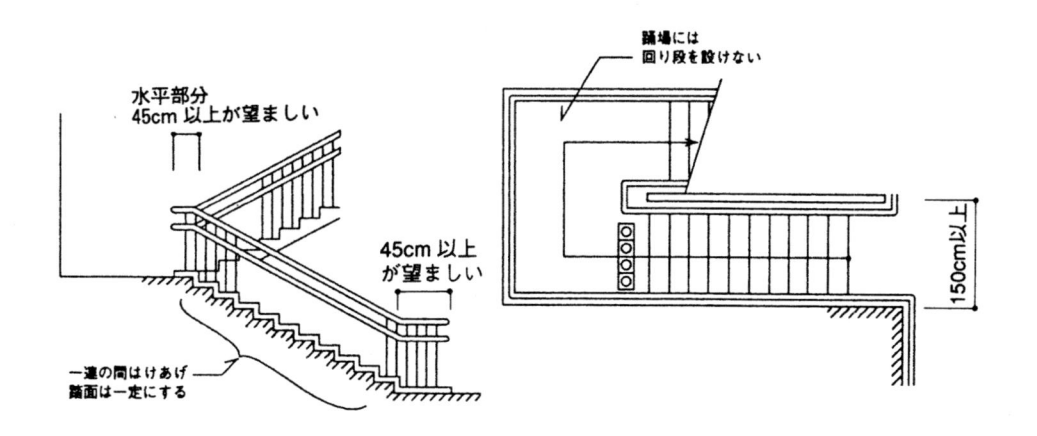

図 3.3.9 階段の計画

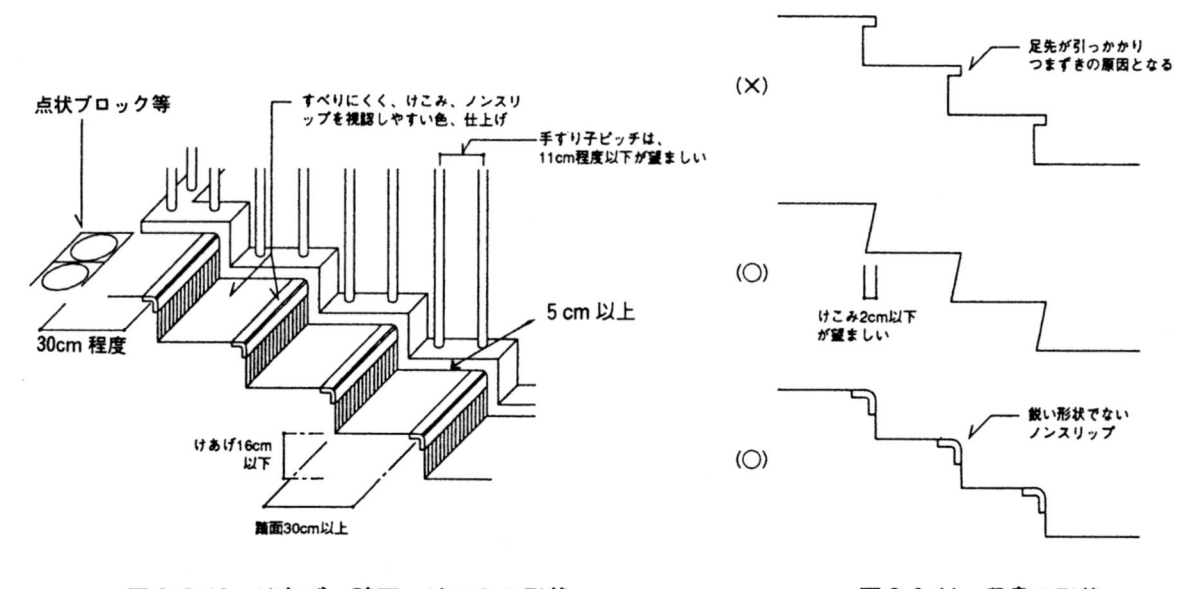

図 3.3.10 けあげ、踏面、けこみの形状

図 3.3.11 段鼻の形状

3.3.24 エレベーター及びエレベーターホール

(1) 4階建以上の庁舎又は合同庁舎には、原則として、エレベーターを設ける。なお、3階建以下の庁舎において、窓口業務を行う事務室がある階に直接地上へ通ずる出入口がない場合は、かごが当該階に停止するエレベーターを設ける。

(2) エレベーターは、分かりやすい位置に設ける。

(3) 窓口業務を行う官署が入居する庁舎、合同庁舎又は大規模庁舎においては、エレベーターのうち移動経路上の便利な位置にある1台以上について、かごの奥行を135cm以上、かごの床面積を2.09㎡以上、かご及び昇降路の出入口の幅を90cm以上とする。また、かご内に、車いす使用者用操作盤、手すり、鏡、出入口検出装置、インジケータ、キックプレート、点字銘板及び自動放送装置を適切に設ける、かご内の床の出入口部を他の部分と感触の違う仕上げとする等配慮する。

(4) その他のエレベーターは、かごの奥行を135cm以上、かごの床面積を1.83㎡以上、かご及び昇降路の出入口の幅を80cm以上とする。

(5) 2台以上のエレベーターが並んで配置される場合は、原則として、かごの大きさを同一とする。

(6) 窓口業務を行う官署が入居する庁舎、合同庁舎又は大規模庁舎においては、エレベーターホールに、車いす使用者用の乗場ボタン、点字銘板及び自動放送装置を設ける等配慮する。

(7) エレベーターホールは、幅及び奥行を180cm以上とし、登退庁時等の職員の滞留に配慮する。

車いす使用者用操作盤は、車いす使用者が使いやすいよう、かごの側面の中央あたりの100cm程度の高さに設置する。

鏡は、車いす使用者が、かごの中で回転せずに後ろ向きで出るときに出入口まわりの様子が分かるよう設置する。

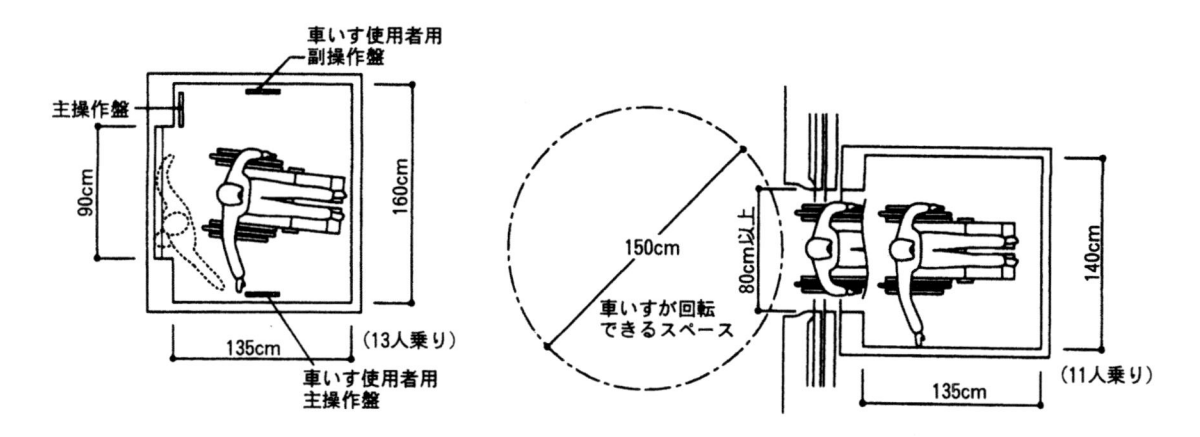

図 3.3.12　かご内操作盤配置例

図 3.3.13　昇降ロビーのスペース

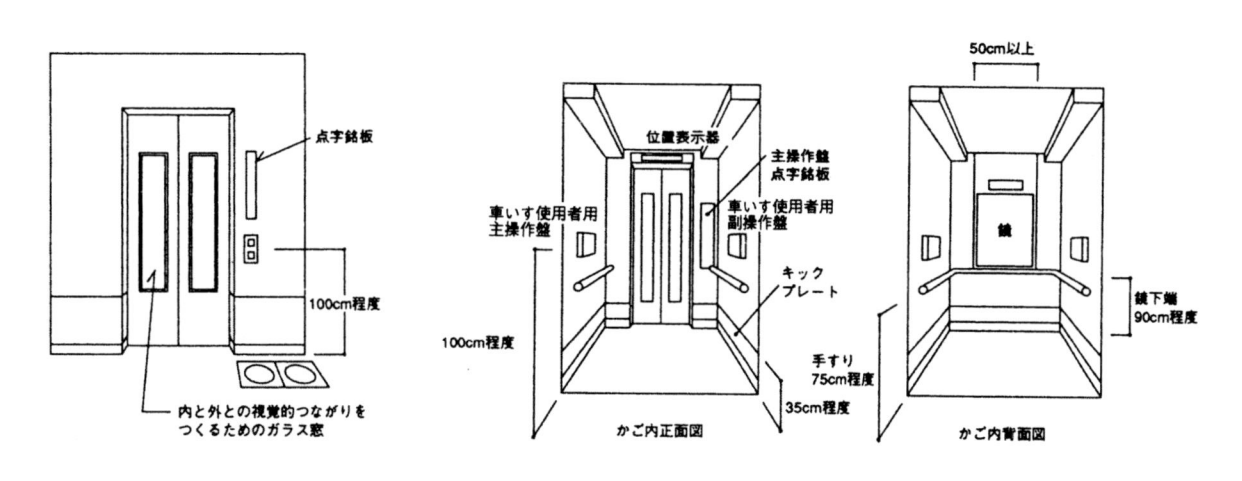

図 3.3.14　エレベーターホールの例

図 3.3.15　エレベーターかご内部の例

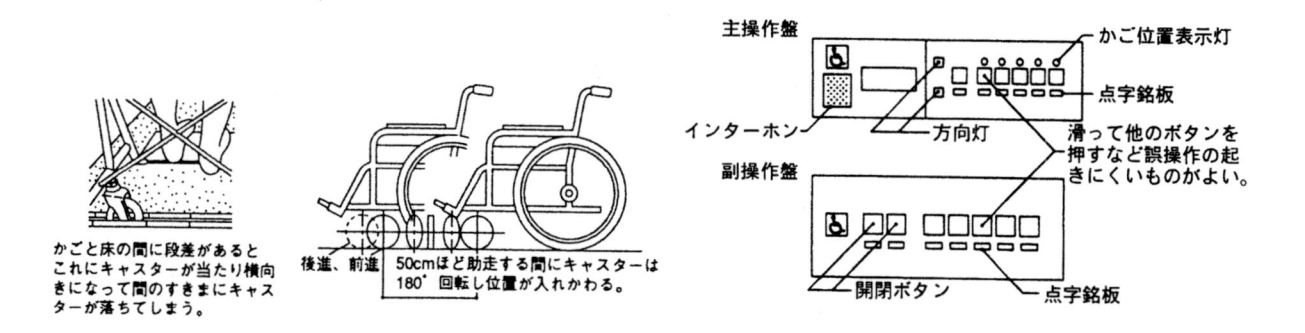

図 3.3.16　車いすキャスターの軌跡

図 3.3.17　車いす使用者用操作盤

3.3.25　廊下

> (1) 原則として柱型等の突出物を設けず、円滑な移動を確保する。
> (2) 主要な廊下の幅は、180 cm 以上とする。ただし、廊下等の末端の付近及び区間 50m 以内ごとに車いす使用者がすれ違うことができる場所を設ける場合にあっては、140 cm 以上とすることができる。
> (3) 廊下には、原則として、段を設けない。やむを得ず段を設ける場合は、傾斜路又は車いす使用者用特殊構造昇降機を併設する。なお、段は 3.3.23(3)から(8)に準じた構造とし、傾斜路は 3.3.27 による。
> (4) 床面は、粗面とし、又は滑りにくい材料で仕上げる。
> (5) 床と壁の色彩及び明度の差等による立ち上がり境の視認性の確保に配慮する。
> (6) 施設の用途、機能等により必要に応じて、手すりの設置について考慮する。
> (7) 窓口業務を行う官署が入居する庁舎、合同庁舎又は大規模庁舎においては、来庁者が休憩できるスペースの確保について考慮する。

●手すり
　手すりを設置する場合、設置高さを 75～85 cm 程度（2 段手すりとする場合、下段は 60～65 cm 程度）とすることが望ましい。また、詳細は 3.5.1 による。

●やむを得ず突出物を設ける場合の配慮
　廊下の壁面には柱型等の突出物を設けないことを原則とするが、やむを得ず突出物を設ける必要がある場合は、次のような点に留意する。
・突出部を面取りしたり、曲面で仕上げたりするほか、ガードを設置する等危険防止に配慮する。
・下端の高さが床面から 65cm 以下となる突出物については、視覚障害者が白杖により察知することが困難となるため、壁面沿いに歩く場合でもぶつからないよう、奥行きを 10cm 以下におさえる。

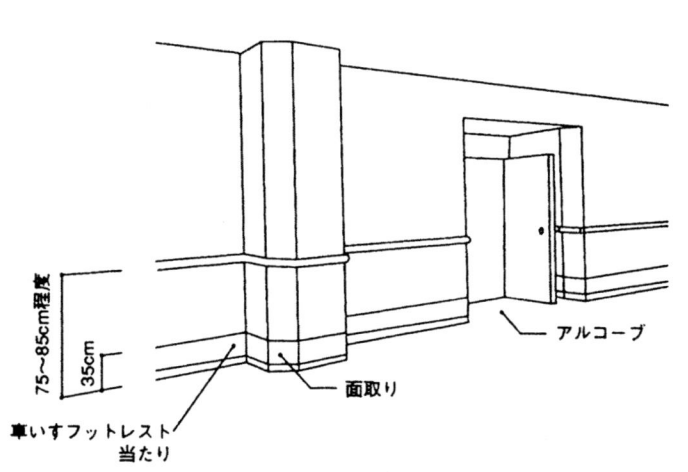

図 3.3.18　廊下の例

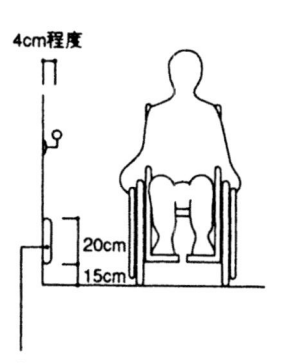

車いすフットレスト当たりの例

車いすのフットレストが壁に当たった場合の衝撃を和らげ、また壁面をガードするためのもの。樹脂製・木製のものなどがある。

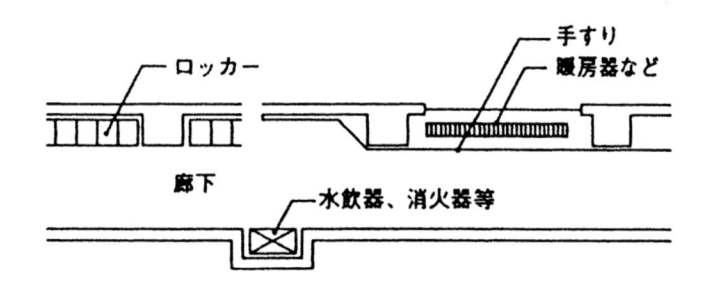

図 3.3.19　廊下の凹凸の処理の例

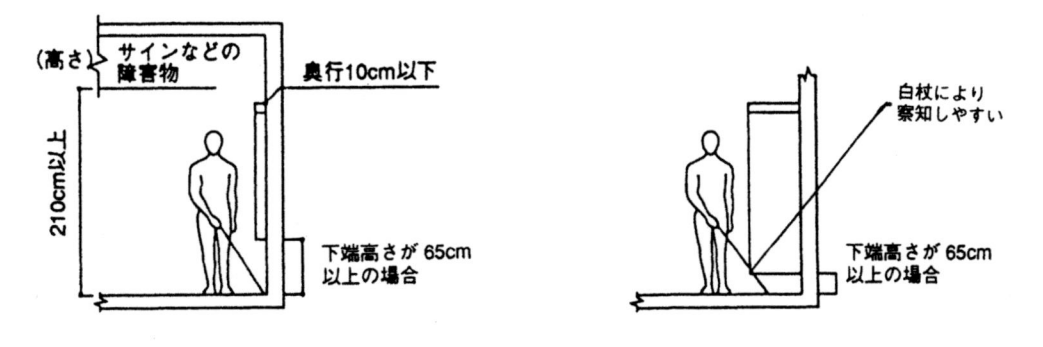

図 3.3.20　壁面突出物

3.3.26 内部出入口

> (1) 窓口業務を行う事務室の主要な出入口は、幅 120 cm 以上とし、扉は、原則としてスライド式自動扉とする。
> (2) その他の出入口は、幅 90 cm 以上とし、扉は、車いす使用者が容易に開閉して通過できる構造とする。
> (3) 車いす使用者が通過する際に支障となる段を設けない。

扉の詳細については、3.5.3 による。

3.3.27 屋内傾斜路

> (1) 屋内に設ける傾斜路（以下「屋内傾斜路」という。）の幅は、150 cm 以上とする。ただし、階段に併設する場合は、120 cm 以上とすることができる。また、勾配は、12 分の 1 以下とする。
> (2) 上端、下端及び高さ 75 cm 以内ごとに、また、曲がり部分、折り返し部分及び他の通路と交差する部分に、踏幅 150 cm 以上の踊場を設ける。
> (3) 床面は、粗面とし、又は滑りにくい材料で仕上げる。
> (4) 床は、その前後の廊下等との色の明度の差が大きいこと等により、屋内傾斜路の存在を容易に識別できるものとする。
> (5) 高さが 16 cm を超える傾斜部には、両側に手すりを設けることとし、原則として、2 段手すりとする。
> (6) 手すりは、踊場についても連続して設置し、始終端には十分な長さの水平部分を設ける。
> (7) 手すりの端部に、現在位置、誘導方向等を示す点字表示を、必要に応じて行う。
> (8) 側壁がない場合は、脱輪防止等のため、屋内傾斜路の側端に立上りを設ける。
> (9) 屋内傾斜路の上端に近接する部分には、点状ブロック等を敷設する。ただし、勾配 20 分の 1 以下、又は高さ 16 cm 以下かつ勾配 12 分の 1 以下の場合については、この限りではない。

　手すりは、設置高さを上段 75〜85 cm 程度、下段 60〜65 cm 程度とし、勾配の変化に対する安全性、視覚障害者の利用等を考慮して、始終端の水平部分の長さを 45 cm 以上とすることが望ましい。また、手すりの詳細は、3.5.1 による。
　脱輪防止等のための側端の立上りについては、5 cm 以上確保することが望ましい。

長いスロープであれば
斜路が困難な歩行者の
ために階段を併設する
ことが望ましい。

120cm 以上
（段を併設する場合）

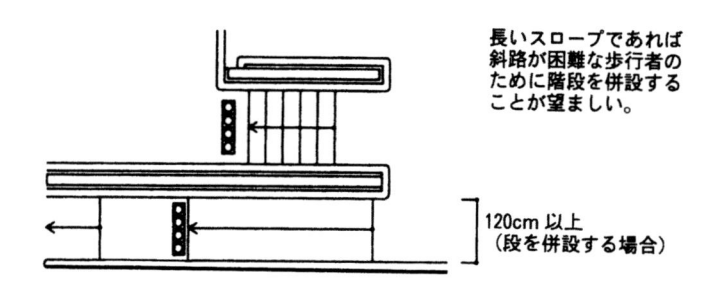

図 3.3.21　屋内傾斜路の例

＜車庫等＞

3.3.28　自動車車庫

(1) 地階に設ける場合は、防災及び避難について十分考慮する。
(2) 車止め、器具棚、器具庫、排水溝等を、必要に応じて設ける。

3.3.29　自転車置場

(1) 必要に応じて、庁用と来庁用を区別する。
(2) 来庁用は、施設の用途、規模等に応じた駐輪台数の確保を考慮するとともに、利用しやすい位置に設ける。

＜その他＞

3.3.30 喫煙スペース

> (1) 庁舎内における喫煙が可能とされている場合は、健康増進法（平成14年8月2日法律第103号）を踏まえ、適切に分煙が図られるよう、原則として、天井までの間仕切り等により区画した喫煙スペースを設ける。
> (2) 喫煙スペースの出入口は、扉の設置等により、たばこ煙の漏出を防ぐよう配慮する。
> (3) 喫煙スペースの出入口付近の分かりやすい位置に、案内表示を行う。

　受動喫煙防止対策については、健康増進法（平成14年法律第103号）第25条に、「官公庁施設を管理する者は、これらを利用する者について、受動喫煙（室内またはこれに準ずる環境において、他人のたばこの煙を吸わされることを言う。）を防止するための措置を講ずるように努めなければならない」ことが定められている。

　また、健康増進法に規定された受動喫煙防止に係る措置の具体的内容及び留意点について、「受動喫煙防止対策について」（平成15年4月30日付け健発第0430003号）が通知されており、この中で、「受動喫煙防止の措置には、当該施設内を全面禁煙とする方法と施設内の喫煙場所と非喫煙場所を喫煙場所から非喫煙場所にたばこの煙が流れ出ないように分割（分煙）する方法がある」ことが示されている。

　分煙効果を判定する基準については、「分煙効果判定基準策定検討会報告書」（平成14年6月厚生労働省）に次のような内容が示されており、喫煙スペースを設ける場合は、これを踏まえて対策を講ずる必要がある。

- ●喫煙所と非喫煙所の境界
  - ・デジタル粉塵計を用いて、経時的に浮遊粉じんの濃度の変化を測定し漏れ状態を確認する（非喫煙場所の粉じん濃度が喫煙によって増加しないこと）
  - ・非喫煙場所から喫煙場所方向に一定の空気の流れ（0.2m/s以上）があること

- ●喫煙所
  - ・デジタル粉じん計を用いて測定した時間平均浮遊粉じん濃度が0.15mg/㎥以下に保たれていること
  - ・検知計を用いて測定した一酸化炭素濃度が10ppm以下であること

　喫煙スペースの換気については、『建築設備設計基準』（国土交通省大臣官房官庁営繕部設備・環境課監修）に考え方が示されている。なお、浮遊粉塵は、換気のみでは対応が困難なため、空気清浄装置の併設を考慮する必要がある。

3.3.31 その他

> (1) 登退庁用通用口を、必要に応じて設ける。
> (2) 玄関ホール又は庁舎内の要所に、冷水器、公衆電話、自動販売機等の設置スペースを、必要に応じて確保する。
> (3) 来庁者用等の掲示板は、玄関ホール、廊下等に、見やすく設ける。また、広報スペース等を、必要に応じて確保する。

3.4 仕上げの選定

> (1) 外部仕上げは別表2、内部仕上げは別表3の仕上げを標準とする。ただし、特別な機能又は性能を確保する必要がある場合は、これを考慮し、適切に選定する。
> (2) 別表2及び別表3に記載されていない部分の仕上げについては、同表に準拠し、適切に選定する。
> (3) 外部仕上げについて、周辺環境との調和を図る必要がある場合は、これを考慮する。
> (4) 床面は、滑りにくい材料で仕上げる。特に、構内通路、ポーチ等の床面は、粗面とする等濡れても滑りにくいものとする。
> (5) 内部の天井及び壁の仕上げには、原則として準不燃材料（不燃材料を含む。）を使用することとし、重要な財産・情報を保管する室等特に出火しにくいよう配慮する必要がある室については、原則として不燃材料を使用する。なお、大地震動後、災害応急対策活動に必要な施設等については、不燃化を徹底する。
> (6) 居室等の仕上げについては、ホルムアルデヒド、揮発性有機化合物（VOC）等の空気汚染物質の発生抑制に配慮したものとする等適切な空気環境の確保に配慮する。
> (7) 汚れにくく、清掃が容易な仕上げとするよう配慮する。
> (8) 廃棄物を再生利用したもの等環境負荷の少ない材料の活用に配慮する。

別表2及び3については、本文を参照のこと。

●室内空気汚染物質の発生抑制

シックハウス対策については、平成15年7月に施行された建築基準法の改正において、
・居室を有する建築物における、クロルピリホスを添加した建材の使用の禁止
・内装仕上げに使用するホルムアルデヒドを発散する建材の面積制限
・原則として、すべての建築物への機械換気設備の設置の義務づけ

が定められている。

建築基準法におけるホルムアルデヒドに係る技術的基準は、換気回数、居室の種類、内装仕上げのホルムアルデヒド発散量のレベル及び使用面積が相互に関係するものとなっているが、国土交通省の官庁営繕工事では、換気回数等に関わらず、原則としてF☆☆☆☆レベルのものを使用することとしている。

また、厚生労働省においては、室内空気環境汚染の改善又は健康で快適な空気質の確保を目的として、ホルムアルデヒドのほか、トルエン、キシレン等の化学物質について室内濃度の指針値を定めている。国土交通省の官庁営繕工事では、クロルピリホス及びホルムアルデヒド以外の化学物質についても、これらの化学物質が使用されている可能性のある建材については、その発散がない又は極めて少ないものを使用することとしている。

● 資源循環への配慮
　資源の循環については、循環型社会形成推進基本法（平成12年法律第110号）、これに関連して、資源の有効な利用の促進に関する法律（平成3年法律第48号）、建設工事に係る資源の再資源化等に関する法律（平成12年法律104号）等が定められている。また、国土交通省においては、「建設リサイクル推進計画2002」（平成14年5月国土交通省）を策定している。
　関係法令を遵守するとともに、その趣旨を踏まえ、
　　・建設副産物の発生抑制
　　・部分的な更新が可能な材料・工法等の選択
　　・再使用、再生利用の促進
等に配慮することが必要である。

● グリーン購入法
　国等による環境物品等の調達の推進等に関する法律（平成12年法律第100号）に基づき閣議決定される「環境物品等の調達の推進に関する基本方針」においては、国等の機関が重点的に調達を推進することとされている環境負荷低減に資する資機材の基準が定められている。ここに定められる資機材については、必要とされる品質及び性能の確保、コスト、ライフサイクルを通じての総合的な環境負荷低減等を考慮のうえ、適切に使用を推進することが必要である。

● フロン対策
　モントリオール議定書において、2020年までにHCFCの生産・消費を全廃することとされており、これを実施するため、特定物質の規制等によるオゾン層の保護に関する法律（昭和63年法律第53号）が定められている。
　このため、従来、硬質ポリウレタンフォーム、押出法ポリスチレンフォーム等の発泡プラスチック系断熱材については、HCFCを使用するものから、代替フロンであるHFCを使用したものへの転換が図られてきたところである。しかし、HFCは、オゾン層破壊係数はゼロではあるが、温暖化係数が大きく、京都議定書における削減対象となっていることから、近年、代替フロンも使用しない、いわゆるノンフロンのものへの転換が進められているところであり、「環境物品等の調達の推進に関する基本方針」においてもノンフロンのものを使用することが基準として定められている。

3.5 各部・詳細設計

3.5.1 手すり

> **(1) 設置場所及び設置方法**
> ① 階段、傾斜路、便所のほか、施設の用途、機能等に応じて、転倒防止、立上り又は移動の補助、視覚障害者の誘導等に配慮して、廊下等必要な場所に適切に手すりを設置する。
> ② 手すりを設ける場合は、できる限り連続して設ける。
> ③ 階段、バルコニー等の手すりは、落下防止を十分考慮したものとする。
>
> **(2) 材質、形状等**
> ① 手触りがよく、体重をかけた時に滑りにくい材質とする。また、取付箇所の条件に応じて耐久性、耐食性等を考慮した適切な材質とする。
> ② 握りやすい形状のものとし、体重をかけることを考慮し、堅牢に取り付ける。
> ③ 受け金具、端部等の引っかかりがないよう配慮する。
> ④ 壁との色彩及び明度の対比等により、手すりの位置を認識しやすいよう配慮する。
> ⑤ 階段、傾斜路、廊下等の手すりの端部は、壁面側又は下方に巻き込む等先端が突き出さない形状とする。

　手すり壁等は、施設の用途、階段の利用形態等を考慮しつつ、落下防止に十分留意して、高さ、仕様等を設定する必要がある。（主要な階段の上端、バルコニー等では、足がかりから高さ1,100mm以上とする。）特に手すり子形式とする場合については、横桟等足がかりとなるものを設けない、手すり子の間隔を十分に小さくする（原則として110mm以下とする。）等配慮する必要がある。

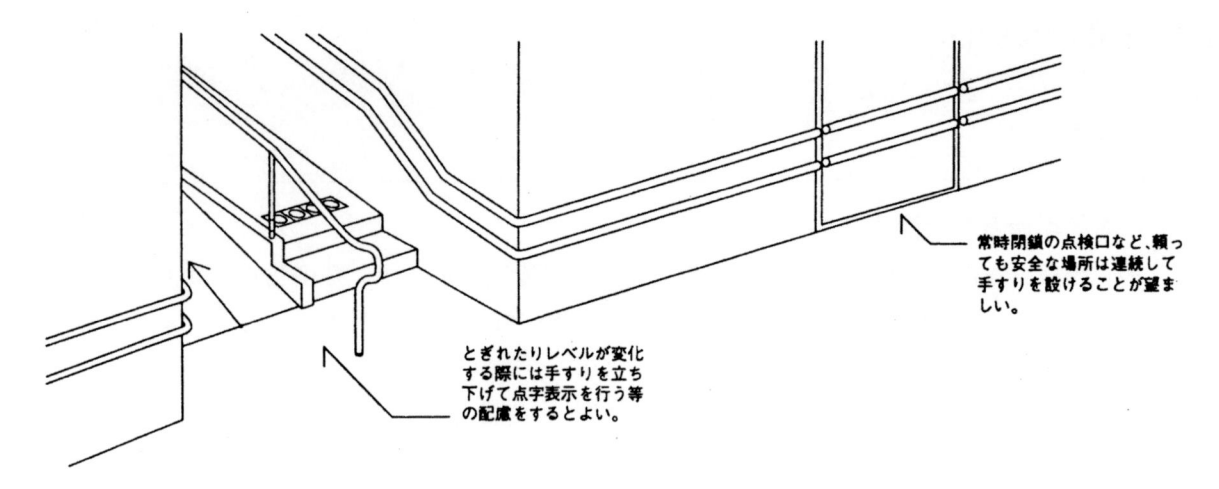

図 3.5.1　手すりの設置例

　　常時閉鎖の点検口など、頼っても安全な場所は連続して手すりを設けることが望ましい。

　　とぎれたりレベルが変化する際には手すりを立ち下げて点字表示を行う等の配慮をするとよい。

図 3.5.2　手すりの高さ（2段の場合）

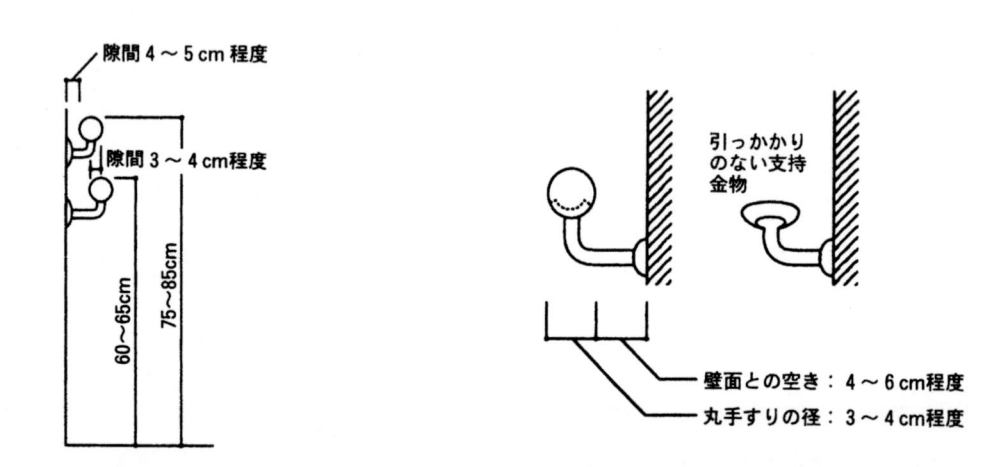

隙間 4〜5 cm 程度
隙間 3〜4 cm 程度
60〜65cm
75〜85cm

図 3.5.3　握りやすい手すりの形状の例

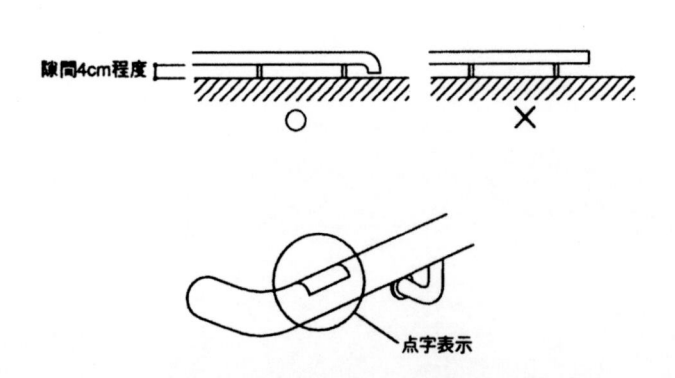

引っかかりのない支持金物
壁面との空き：4〜6 cm 程度
丸手すりの径：3〜4 cm 程度

図 3.5.4　壁との関係、端部の納まり

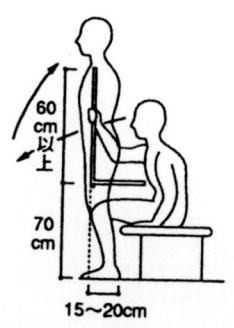

隙間4cm程度
点字表示

図 3.5.5　立ち座り用手すりの位置

60 cm 以上
70 cm
15〜20cm

垂直の手すりが台などの横にあると、立ち座りの際に後ろに体を引っ張られてしまうので前寄りに設ける。

3.5.2 カウンター

> (1) 車いす使用者の利用を考慮し、カウンターの高さ、フットレストのためのクリアランス等を設定する。
> (2) 立位で使用するカウンターは、体重をかけることを考慮し、床又は壁に適切に固定する。
> (3) 手すりを設ける、杖等を立てかけられる場所を設ける等配慮する。

●カウンター

　車いす使用者の利用を考慮したカウンターについては、高さを下端 60～65 cm程度、上端 70 cm程度、下部スペースの奥行きを 45 cm程度とすることが望ましい。

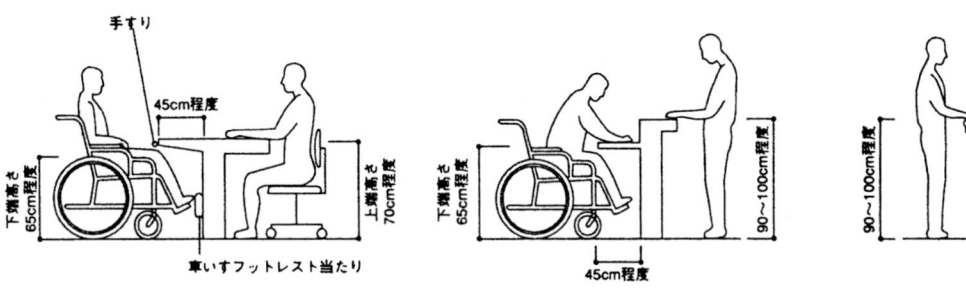

図 3.5.6　カウンターの例

●電話台
・車いす使用者が硬貨投入口に手が届き、受話器やプッシュボタンを楽な姿勢で操作できる位置に電話機が設置できる台の寸法とする。
　・プッシュボタンの中心は、床上 90～100 cmとする。
　・車いす使用者の利用を考慮した電話台の寸法。
　　高さ　下端寸法　　　　60～65 cm程度
　　　　　上端寸法　　　　70 cm程度
　　電話台下の奥行き　　　45 cm程度（ただし、電話台の大きさによる。）
・手すり、杖等を立てかけられる場所、いすの設置を考慮する。
・へだての設置等、電話音声の聞き取りやすさに配慮する。
・聴覚障害者等の利用に配慮し、音量増幅装置付電話やファックスの設置に配慮する。

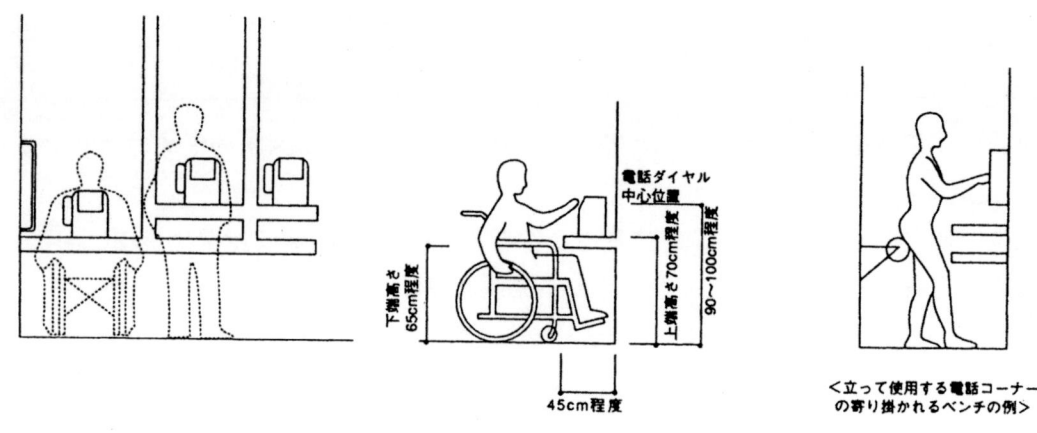

図 3.5.7　電話台の例

●水飲み器
・水飲み器の飲み口の高さは、70～80cm程度とする。
・給水栓は、光電管式、ボタン式又はレバー式とし、手動で操作できるものを設ける。
・水飲み台下部にフットレストが入るスペースを設けることが望ましい。
・杖等を立てかけられる場所の設置等にも配慮することが望ましい。
・セルフサービスの場合の給水器などの寸法
　　　給水器などの設置台の高さ　　　　　　70～75cm程度
　　　コップなどの位置　　　　　　　　　　85～95cm程度
　　　給水器などの設置台の下部の奥行き　　45cm程度

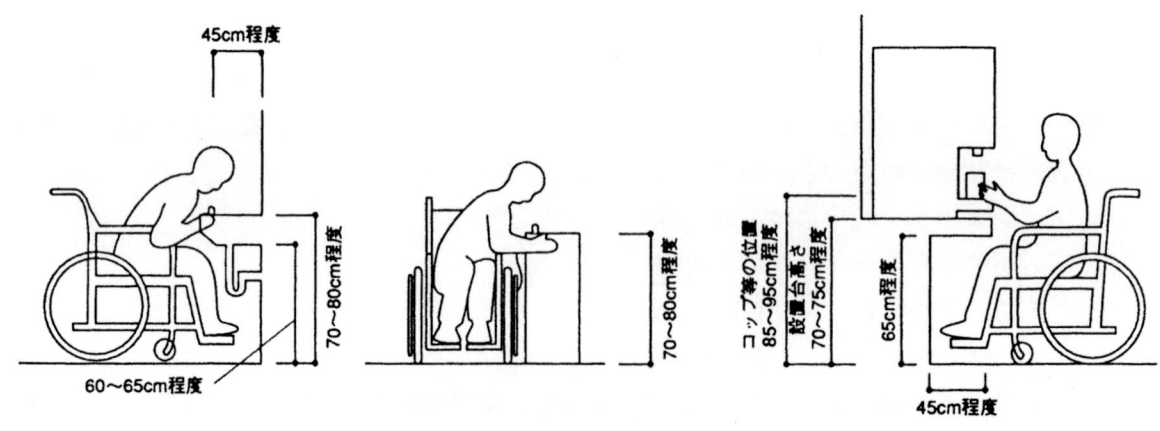

図 3.5.8　水飲み器等の例

● 自動販売機
 ・金銭投入口、操作ボタン及び取り出し口等が、それぞれ高さ45～125cm程度の範囲に納まるものを選ぶようにすることが望ましい。
 ・自動販売機が転倒しないよう、転倒防止金物より、壁に固定することが望ましい。

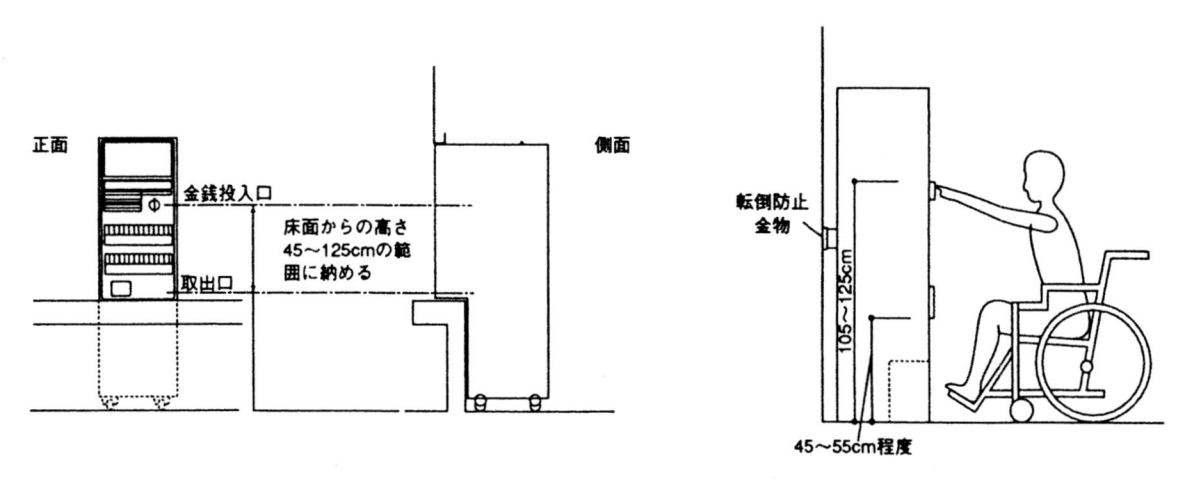

図 3.5.9　自動販売機の例

3.5.3　扉

(1) 幅
　機器類の搬出入、車いす使用者の利用等を考慮し、十分な幅を確保する。

(2) 開き戸
　① 軽く、ゆるやかに開閉するよう配慮する。
　② 取手は、レバーハンドルとする等高齢者、障害者等が操作しやすいよう配慮する。
　③ 開閉時の衝突の防止に配慮する。

(3) 引き戸
　多機能便所等の引き戸については、次に掲げる事項に配慮する。
　① 床には、利用者の円滑な通行の支障となる、くつずり、溝等を設けない。
　② 自動式とするか、できるだけ小さな力で開閉できるよう配慮する。
　③ 自動式とする場合の開閉ボタンは、車いす使用者に使いやすい位置に設置する。
　④ 引き手は、車いすに座ったままでも操作しやすい位置に設置し、握りやすい形状とする。

(4) スライド式自動扉
　高齢者、障害者等の通行を考慮し、開閉速度、センサー等を設定する。

多機能便所の扉を自動式とする場合、便所内の開閉ボタンは、車いすが入りきった状態で押しやすく、分かりやすい位置に設置する。また、手動とする場合は、必要に応じて複数の引き手を設置する。

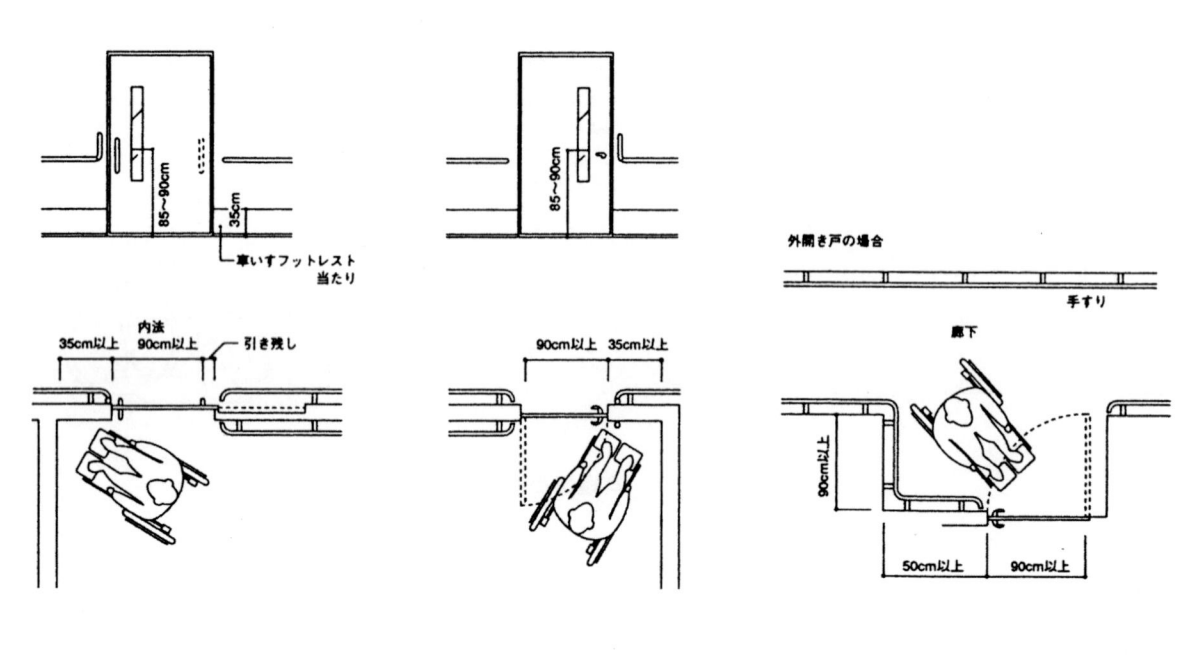

図 3.5.10　引き戸

図 3.5.11　開き戸

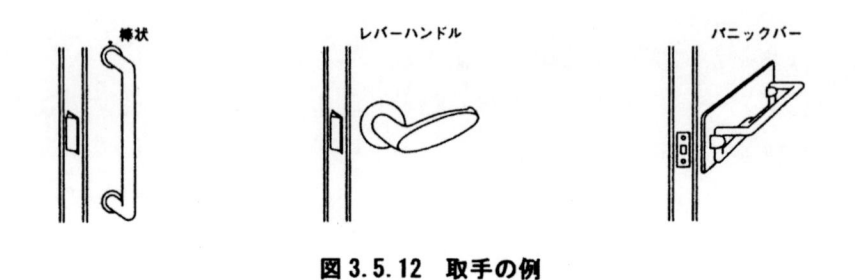

図 3.5.12　取手の例

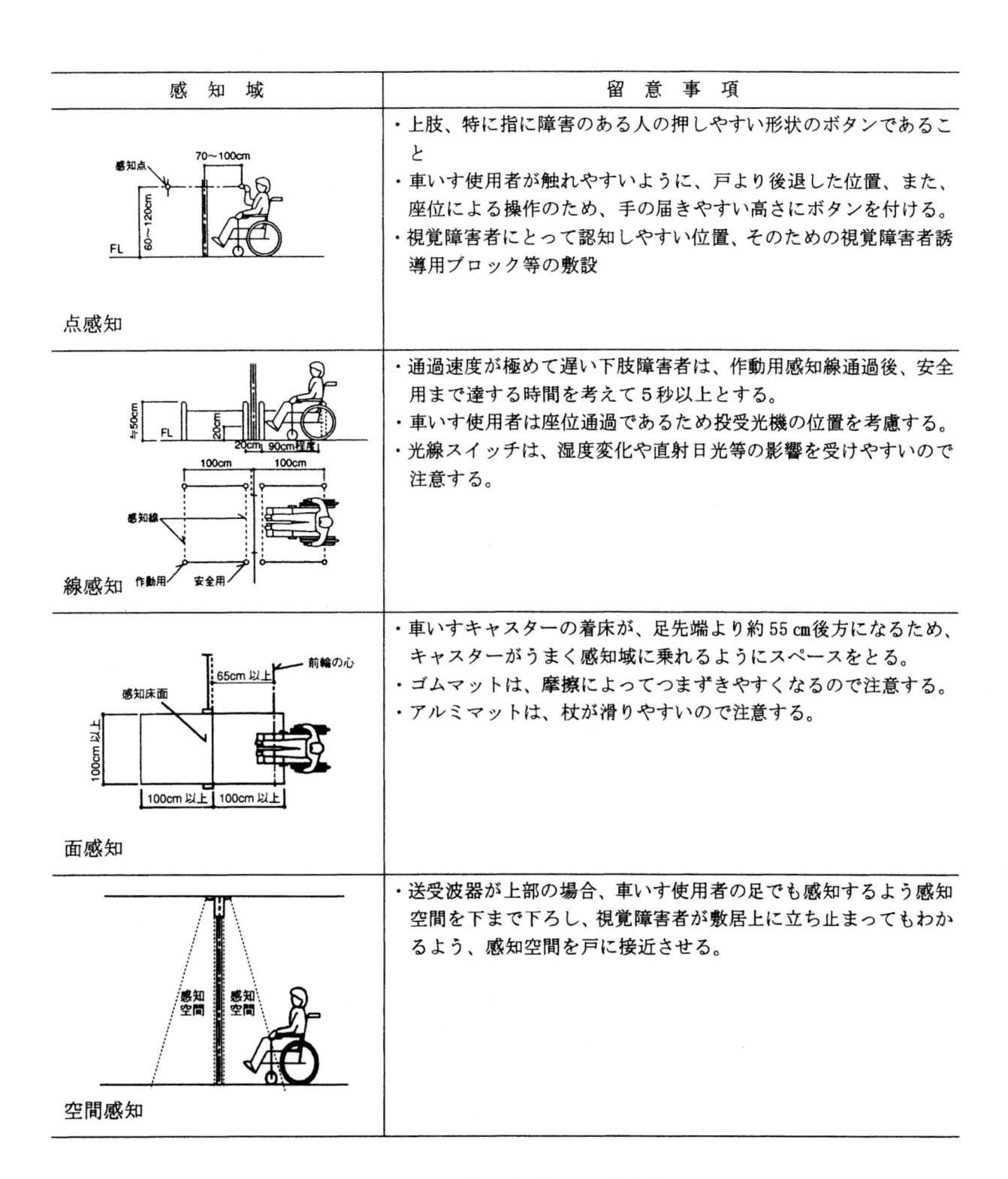

感知域	留意事項
点感知	・上肢、特に指に障害のある人の押しやすい形状のボタンであること ・車いす使用者が触れやすいように、戸より後退した位置、また、座位による操作のため、手の届きやすい高さにボタンを付ける。 ・視覚障害者にとって認知しやすい位置、そのための視覚障害者誘導用ブロック等の敷設
線感知	・通過速度が極めて遅い下肢障害者は、作動用感知線通過後、安全用まで達する時間を考えて5秒以上とする。 ・車いす使用者は座位通過であるため投受光機の位置を考慮する。 ・光線スイッチは、湿度変化や直射日光等の影響を受けやすいので注意する。
面感知	・車いすキャスターの着床が、足先端より約55cm後方になるため、キャスターがうまく感知域に乗れるようにスペースをとる。 ・ゴムマットは、摩擦によってつまずきやすくなるので注意する。 ・アルミマットは、杖が滑りやすいので注意する。
空間感知	・送受波器が上部の場合、車いす使用者の足でも感知するよう感知空間を下まで下ろし、視覚障害者が敷居上に立ち止まってもわかるよう、感知空間を戸に接近させる。

図 3.5.13 自動ドア感知域と留意事項

3.6 案内・表示

3.6.1 共通事項

(1) 案内は、単純かつ明快で、分かりやすいものとする。
(2) 多様な利用者を考慮し、案内図記号を活用するほか、庁舎の立地、用途等に応じて、子供又は外国人の利用を考慮し、ひらがな又は外国語を併記する等内容が容易に理解できるよう配慮する。
(3) 目的地までの経路において、現在位置、目的地の位置、目的地までの経路等が逐次確認でき、また、目的地に到達したことが確認できるように案内を配置する。
(4) 案内は、見やすい位置及び高さに設置する。
(5) 案内は、統一のとれたデザインとするとともに、外部に設置するものについては、地域における統一性又は周辺環境との調和に配慮する。
(6) 案内の文字又は図は、容易に判断できる大きさとする。
(7) 案内の文字又は図と背景の輝度比を十分に確保する、日射又は照明の影響を考慮する等見やすさに十分配慮する。
(8) 移動経路上に突き出して設置するものは、通行上の安全性を考慮する。

　案内表示の高さ等については、どの程度の距離から視認するかに応じて設定することが必要である。遠くから視認するものについては、移動しながら自然に視野に入るよう設置高さを検討すること、近くから視認するものについては、通常の視野、視方角の限界を考慮し、案内表示の設置高さの中心、垂直・水平方向の設置範囲を検討することが必要である。また、検討に当たり、車いすからの視点は、立っている場合より40㎝程度低いので、これを考慮することが必要である。
　図又は文字と背景の色は、明度スケールで5段階以上の明度差を確保すると識別しやすくなる。また、色の選択に当たっては、高齢者に多い白内障に黄変化と白濁の特徴があることを考慮し、黄色と白の組合せは用いない等配慮することが必要である。

3.6.2 外部表示

(1) 施設名称表示
　① 道路からの出入口付近及びその他敷地境界付近の道路から分かりやすい位置に、見やすい大きさ、形状等により、庁名及び官署名を表示する。
　② 官署名は、原則として、正式名称とする。

(2) 施設総合案内板
　道路からの出入口付近及びその他敷地境界付近に、現在位置、駐車場、庁舎の主要な出入口等の位置を確認できる案内板を、必要に応じて設ける。

(3) その他の表示

　歩行者用通路の道路からの出入口付近に、周辺の交通機関、その方向等が確認できる案内板を、必要に応じて設ける。

3.6.3　内部表示

(1) 庁舎総合案内板
① 玄関ホールの分かりやすい位置に設ける。
② 官署名、室名、所在階等を分かりやすく表示する。
③ 名称等の変更のしやすさに配慮した仕様とする。

(2) 会議案内
　玄関ホール等の分かりやすい位置に、会議名、会議室名及び所在階を表示する案内板を、必要に応じて設ける。

(3) 点字案内板
　玄関ホールの分かりやすい位置に、官署名、室名、所在階等を点字により表示した案内板を、必要に応じて設ける。

(4) エレベーター内案内板
① エレベーター内の壁面に、官署名、室名及び所在階を表示した案内板を、必要に応じて設ける。
② 名称等の変更のしやすさに配慮した仕様とする。

(5) 各階案内板
① エレベーターホール等の分かりやすい位置に、各階の配置図を表示した案内板を、必要に応じて設ける。
② 視覚障害者及び車いす使用者による利用を考慮し、設置高さ、形状、点字の併記等について考慮する。
③ 配置図には、部局名、課名等のほか、会議室、便所、エレベーター、階段、現在位置等を表示する。

(6) 誘導方向表示
　来庁者の動線の起点、分岐点等の見やすい位置に、矢印等により各室の方向を示した表示を、必要に応じて設ける。

(7) 室名札
① 各室入口付近の見やすい位置に、室名札を設ける。

> ② 名称等の変更のしやすさに配慮した仕様とする。
>
> **(8) 管理サイン**
> 利用案内、緊急対応等の情報を随時表示できる案内板等を、必要に応じて設ける。
>
> **(9) 階数表示**
> ① エレベーターホール、階段室等に現在階を表示する。
> ② 階段の踊場に上下階の階数を、必要に応じて表示する。
> ③ 階数表示は、壁面又は床面に分かりやすく表示する。
>
> **(10) 端末案内**
> ① 情報端末による庁舎案内を設置する場合は、庁舎総合案内板又は各階案内板との連携に配慮する。
> ② 車いす使用者又は子供にも使いやすいよう配慮し、高さ等を設定する。

　庁舎総合案内板に点字を併記する方法も考えられるが、この場合、表示する情報量、触知しやすい高さ等を勘案して、分かりやすいものとなるよう十分留意する必要がある。
　施設内において、位置関係が認識しやすいよう、配置図の向きに留意する。

3.6.4　案内図記号

> (1) 日本工業規格 Z 8210 に規定されるものについては、これによる等標準的な案内図記号により表示する。
> (2) 標準的な案内図記号がないものについては、原則として、文字により表示する。

　標準的な案内図記号には、日本工業規格 Z 8210 に規定されるもののほか、国際シンボルマーク、オストメイトマーク、「標準案内用図記号ガイドライン」(2001 年 3 月　一般案内用図記号検討委員会) に掲載されるもの等がある。「資料8　案内図記号に関する資料」に掲載するので参考とされたい。

3.6.5　視覚障害者誘導用ブロック等

> (1) 道路等から窓口、受付等までの経路には、移動方向を示すための線状ブロック等及び注意を喚起する位置を示すための点状ブロック等を適切に組み合わせて敷設する。
> (2) 車路又は段若しくは傾斜路の上端に近接する部分には、点状ブロック等を敷設する。
> (3) 誘導のための視覚障害者誘導用ブロック等は、視覚障害者が位置を認識しやすいように、単純な経路により連続して敷設する。

> (4) 視覚障害者誘導用ブロック等の材質は、滑りにくく、磨耗しにくいものとする。
> (5) 視覚障害者誘導用ブロック等の突起の形状・寸法及びその配列については、日本工業規格 T 9251 による。
> (6) 視覚障害者誘導用ブロック等は、原則として全面を黄色とし、周囲の床材との輝度比を十分に確保して容易に識別できるものとする。

　階段の上端の点状ブロック等については、踏み外す危険を考慮し、段鼻から 30 cm 程度離して敷設する。玄関から階段まで連続的に視覚障害者誘導用ブロック等を敷設し、誘導している場合等については、下端への点状ブロック等の敷設についても考慮する必要がある。

　誘導のための視覚障害者誘導用ブロック等は、施設の運営上のソフト面での対応との連携についても留意し、敷設することが望ましい。

　視覚障害者誘導用ブロック等の敷設幅は 30 cm 以上として、その全面を黄色とし、また、周囲の床材との輝度比は 2.0 以上確保する。

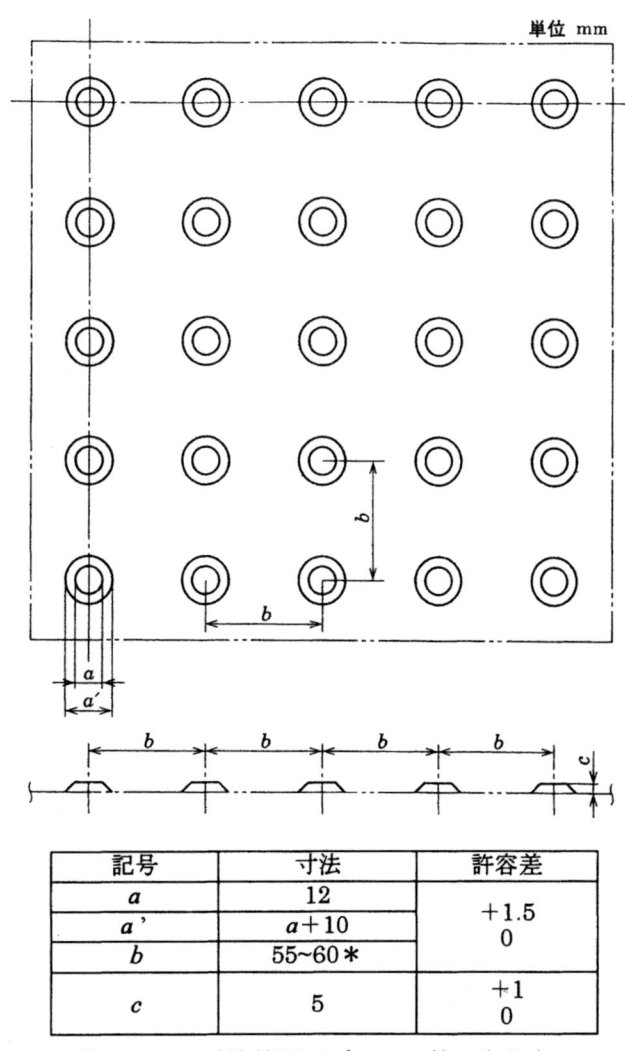

記号	寸法	許容差
a	12	+1.5 / 0
a'	$a+10$	
b	55～60＊	
c	5	+1 / 0

注＊　この寸法範囲でブロック等の大きさに応じて一つの寸法を設定する。

図 3.6.1　JIS T9251 による点状突起（並列配列）の形状・寸法及びその配列

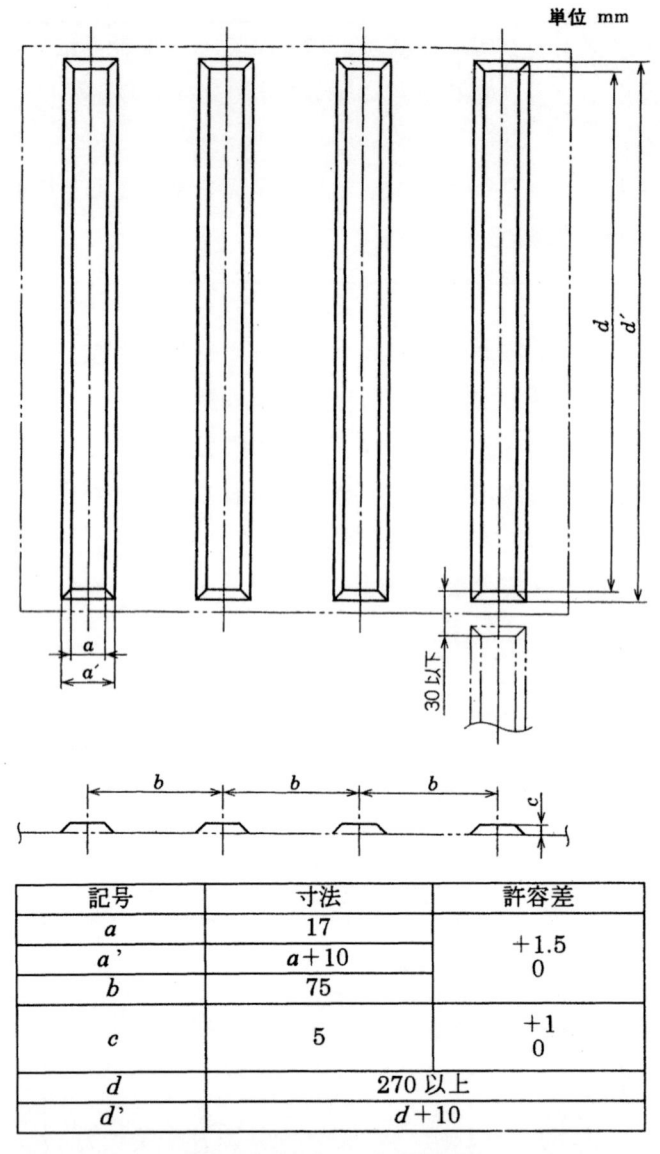

単位 mm

記号	寸法	許容差
a	17	+1.5 0
a'	$a+10$	
b	75	
c	5	+1 0
d	270 以上	
d'	$d+10$	

備考　ブロック等の継ぎ目部分（突起の長手方向）における突起と突起の上辺部での間隔は、30 mm以下とする。

図 3.6.2　JIS T9251 による線状突起の形状、寸法及びその配列

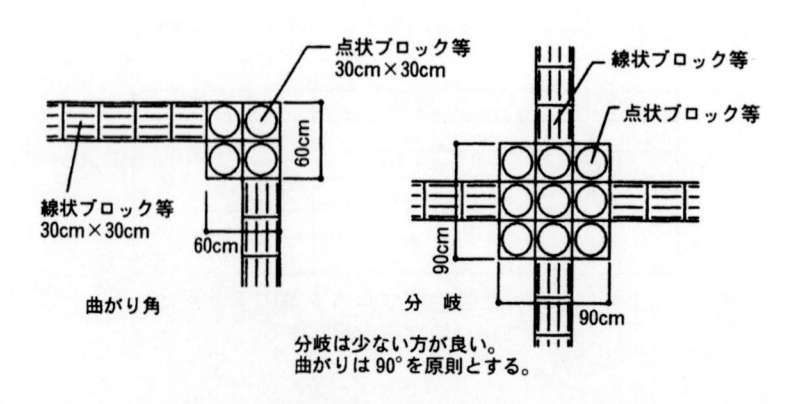

分岐は少ない方が良い。
曲がりは 90°を原則とする。

図 3.6.3　視覚障害者誘導用ブロック等の敷設例

3.6.6 点字表示

(1) 一般事項
① 操作ボタンの内容について表示する点字は、ボタン上又はボタンから斜めの位置には表示しない。
② 触知しやすい高さ及び位置の範囲に設置する。
③ 手触りのよい材料を使用し、金具等の引っかかりがないよう配慮する。
④ 墨字を併記する。

(2) 手すりの点字表示
① 点字は、手すりの長手方向と平行に表示する。また、点字の行数は3行以内とする。
② 断面が円形状の手すりにおいては、点字部分を手すりの真上より少し壁側に寄せ、平面状の手すりにおいては、点字部分が平坦部からはみ出さないように表示する。
③ 2段手すりの場合は、原則として、上段の手すりに表示する。
④ 階段又は傾斜路の手すりについては、両側の手すりの点状ブロック等の延長線上の位置の水平部分に表示する。
⑤ 庁舎内の階段については、原則として現在階の階数を表示するとともに、適切に当該階の案内を表示する。

(3) エレベーターの点字表示
① エレベーターホールの呼出ボタンの点字表示については、「ウエ」、「シタ」とボタンの内容を表示するほか、現在階を表示する。
② エレベーター内の操作ボタンの点字表示については、それぞれのボタンの内容を、階数は「1」、「2」等、その他は「アケ」、「シメ」、「非常」等と表示する。

点字表示の方法に係る参考資料として、『視覚障害者の安全で円滑な行動を支援するための点字表示等に関するガイドライン』(2005年5月 社会福祉法人日本盲人社会福祉施設協議会)がある。この中で、取り付け位置等については、次のとおり示されている。

● 一般的な基本原則
取付位置等
- 立位で利用する水平面またはそれに近い面に設置する場合は、触察の中心が床から1400mmを目安とする。また、触察範囲が1100mm〜1600mmを超えないことを原則とする。
- 立位で利用する水平面または30度以下の傾斜面に設置する場合は、板面の手前が床から800mmを下回らないことを原則とする。また、奥行きの触察範囲は600mm以下を原則とする。

●種類ごとの基本原則
　触図案内板・点字案内板
　　　　　・案内板の触察範囲は、最大で横1000mm以内を原則とする。また、触図は、最大で横600mm以内を原則とする。

また、点字の表示例等を「資料7　点字表示に関する資料」に掲載するので参考とされたい。

第4章　改修設計

4.1 基本方針

> (1) 改修の目的に応じて求められる性能及び機能を確保する。
> (2) 既存施設の現状を十分に把握し、適切な材料、工法等を選択する。
> (3) 第2章及び第3章については、改修の対象となる部位等に適用する。

　既存施設を適切な状態に維持するためには、計画的な保全が重要となる。
　改修工事の目的には、物理的な劣化の回復、施設の機能の変化への対応、社会的な課題への対応等が考えられる。改修に当たっては、既存施設の現状を十分に把握して、各工事の目的に応じて、必要な性能及び機能を確保することが必要である。

4.2 建築物の外部の劣化に伴う改修

> (1) 防水、外壁、外部建具等の劣化に伴う改修については、次に掲げる性能を確保する。
> 　① 雨漏り又は漏水がない。
> 　② 合理的な耐久性が考慮されている。
> 　③ 仕上げ材等のはく離、落下等の危険性がない。
> 　④ 美観について考慮されている。
> (2) 劣化の程度及び進行状況、既存の材料及び工法等を考慮し、適切な改修方法を選択する。
> (3) 施設の外観等に影響を与える可能性がある場合については、改修前の印象を保持する等周辺環境との調和に配慮する。

　劣化の回復及び確保する性能のレベルについては、概ね次のような考え方に分けられると考えられる。
　　①支障のない程度まで回復
　　②当初の性能まで回復
　　③当初よりも性能を向上
　防水、外壁、外部建具等の劣化に伴う改修の場合、雨漏り又は漏水がなく、仕上げ材等のはく離、落下等の危険性がないものとした上で、長期的な保全計画を勘案して必要とされる性能を適切に確保するよう、材料、工法等を選択することが必要である。
　なお、「公共建築改修工事標準仕様書（建築工事編）」に、標準的な各種の改修工法等が規定されている。また、工法等の選定に当たっては、『建築改修工事監理指針』（国土交通省大臣官房官庁営繕部監修、(財)建築保全センター発行）に各種工法の特徴等が紹介されており、参考となる。

4.3　高齢者、障害者等の円滑な利用を考慮した改修

> 既存施設の現状及び利用状況を十分に把握した上で、多様な施設利用者を考慮し、より円滑かつ快適に利用できるものとなるよう改善を図る。

2.4に規定されるとおり、官庁施設については、「官庁施設のユニバーサルデザインに関する基準」に基づき、高齢者、障害者等を含むすべての施設利用者が、できる限り円滑かつ快適に利用できるものとすることとされている。

高齢者、障害者等の円滑な利用を考慮した改修に当たっては、まず、高齢者、障害者等の利用の支障となるバリアを除去した上で、更に、施設管理者や利用者から、施設の利用に当たっての課題等を把握し、多様な施設利用者が、より円滑かつ快適に利用できるものとなるよう改善を図ることが必要である。

4.4　耐震改修

> 「官庁施設の総合耐震診断・改修基準」（平成8年10月24日建設省営計発第101号）に基づき、適切に構工法を選択する。

官庁施設の耐震性能の目標については、「国家機関の建築物及びその附帯施設の位置、規模及び構造に関する基準」に規定されているほか、「官庁施設の総合耐震計画基準」が定められている。また、既存施設の耐震診断及び耐震改修については、「官庁施設の総合耐震診断・改修基準」（平成8年10月24日建設省営計発第101号）が定められている。耐震改修の実施に当たっては、これらの基準に基づき、適切に構工法を選択することが必要である。

4.5　環境負荷の低減のための改修

> 新たに屋上緑化を設ける場合は、積載荷重に加え、防水層への影響、育成管理等に留意する。

官庁施設の環境保全性については、「官庁施設の環境保全性に関する基準」が定められている。また、既存施設の環境負荷低減を図るための診断及び改修計画については、「官庁施設の環境保全性に関する診断・改修計画基準」（平成17年6月30日国営環第5号）が定められており、これらに基づき、改修計画を立案することとされている。

建築工事については、断熱性の向上等による熱負荷の低減、屋上緑化等の改修による、環境負荷低減が期待される。改修に当たっては、既存施設の現状について十分考慮することが必要であり、特に新たに屋上緑化を設ける場合については、許容積載荷重、防水層への影響

等について留意することが必要である。なお、「公共建築改修工事標準仕様書（建築工事編）」の「9章　環境配慮改修工事」に屋上緑化改修工事について規定されている。

資 料

資料 1　官庁施設整備に関する基準

資料 2　関係法令

資料 3　寒地・標準地・暖地の範囲

資料 4　断熱材の設置例

資料 5　防水層種別選定の目安

資料 6　高齢者、障害者等の利用を考慮した設計資料

資料 7　点字表示に関する資料

資料 8　案内図記号に関する資料

資料 9　開口部の熱負荷に関する資料

資料10　屋上緑化に関する資料

資料　1　官庁施設整備に関する基準

　官庁施設整備に関する基準は、平成18年8月現在、次のとおりである。

○　官公庁施設の建設等に関する法律（昭和26年法律第181号）
○　国家機関の建築物及びその附帯施設の位置、規模及び構造に関する基準（平成6年建設省告示第2379号）

A　官庁施設の基本的性能に関する基準
　　A－1　官庁施設の基本的性能基準（平成18年）
　　A－2　官庁施設の総合耐震計画基準（平成18年）
　　A－3　官庁施設の環境保全性に関する基準（平成17年）
　　A－4　官庁施設のユニバーサルデザインに関する基準（平成18年）

B　設計基準
　　B－1　建築設計基準（平成18年）
　　B－2　建築構造設計基準（平成16年）
　　B－3　建築鉄骨設計基準（平成10年）
　　B－4　構内舗装・排水設計基準（平成13年）
　　B－5　建築設備計画基準（平成17年）
　　B－6　建築設備設計基準（平成18年）
　　B－7　排水再利用・雨水利用システム計画基準（平成15年）

C　診断・改修に関する基準
　　C－1　官庁施設の総合耐震診断・改修基準（平成8年）
　　C－2　官庁施設の環境保全性に関する診断・改修計画基準（平成17年）

D　工事標準仕様書等
　　D－1　公共建築工事標準仕様書（平成16年）
　　D－2　公共建築改修工事標準仕様書（平成16年）
　　D－3　木造建築工事標準仕様書（平成16年）
　　D－4　建築物解体工事共通仕様書（平成18年）
　　D－5　建築工事標準詳細図（平成17年）
　　D－6　擁壁設計標準図（平成12年）
　　D－7　公共建築設備工事標準図（平成16年）

資料 2　関係法令

各項目に関する主要関係法令は、平成18年3月現在、次のとおりである。

項　目	関　係　法　令
第1章　総則 1.3　用語 　　(1)庁舎 　　(8)多雪地	**官公庁施設の建設等に関する法律** **建築基準法施行令** 　　第86条第2項（積雪荷重）
第2章　基本方針 2.4　高齢者、障害者等への配慮	**高齢者、身体障害者等が円滑に利用できる特定建築物の建築の促進に関する法律**
2.5　設備設計に対する配慮	**エネルギーの使用の合理化に関する法律** 　　第13条（建築主の努力）
第3章　設計 3.1.3　駐車場	**駐車場法** 　　第20条　建築物の新築または増築の場合の駐車施設の附置 **駐車場法施行令** 　　第2章第1節　構造及び施設の基準
3.1.4　車いす使用者用駐車施設	**高齢者、身体障害者等が円滑に利用できる特定建築物の建築の促進に関する法律施行令** 　　第12条　駐車場 **高齢者、身体障害者等が円滑に利用できる特定建築物の建築の促進に関する法律施行規則** 　　第16条　駐車場
3.1.5　屋外傾斜路	**高齢者、身体障害者等が円滑に利用できる特定建築物の建築の促進に関する法律施行令** 　　第11条　敷地内の通路 **高齢者、身体障害者等が円滑に利用できる特定建築物の建築の促進に関する法律施行規則** 　　第15条　敷地内の通路

項　　目	関　係　法　令
3.2 外部設計 3.3.12 防災センター	**建築基準法施行令** 　第20条の2第2号　換気設備の技術的基準 　第126条の3第11号　構造 　第129条の13の3第8項　非常用の昇降機の設置及び構造 **消防法施行令** 　第23条第2項　消防機関へ通報する火災報知設備に関する基準 **消防法施行規則** 　第14条第1項第4号　スプリンクラー設備に関する基準の細目 　第24条第2号　自動火災報知設備に関する基準の細目 　第24条の3第3項　漏電火災警報器に関する基準の細目
3.3.14 多機能便所	**高齢者、身体障害者等が円滑に利用できる特定建築物の建築の促進に関する法律施行令** 　第10条　便所 **高齢者、身体障害者等が円滑に利用できる特定建築物の建築の促進に関する法律施行規則** 　第14条　便所
3.3.18 食堂及び厨房	**食品衛生法** 　第20条　営業施設の基準 **食品衛生法施行令** 　第5条　営業の指定
3.3.20 設備関係諸室	**ボイラー及び圧力容器安全規則** 　第2章第3節　ボイラー室 **危険物の規制に関する政令** 　令第12条　屋内タンク貯蔵所の基準 　令第23条　基準の特例 **火災予防条例**

項　目	関　係　法　令
3.3.21　玄関	**高齢者、身体障害者等が円滑に利用できる特定建築物の建築の促進に関する法律施行規則** 　第7条　出入口
3.3.22　玄関ホール	**高齢者、身体障害者等が円滑に利用できる特定建築物の建築の促進に関する法律施行令** 　第14条　案内設備までの経路 **高齢者、身体障害者等が円滑に利用できる特定建築物の建築の促進に関する法律施行規則** 　第19条　案内設備までの経路
3.3.23　階段	**高齢者、身体障害者等が円滑に利用できる特定建築物の建築の促進に関する法律施行令** 　第8条　階段 **高齢者、身体障害者等が円滑に利用できる特定建築物の建築の促進に関する法律施行規則** 　第9条　階段
3.3.24　エレベーター及び 　　　　　エレベーターホール	**高齢者、身体障害者等が円滑に利用できる特定建築物の建築の促進に関する法律施行令** 　第13条　利用円滑化経路 **高齢者、身体障害者等が円滑に利用できる特定建築物の建築の促進に関する法律施行規則** 　第12条　昇降機 　第13条　特殊な構造又は使用形態の昇降機
3.3.25　廊下	**高齢者、身体障害者等が円滑に利用できる特定建築物の建築の促進に関する法律施行令** 　第7条　廊下等 **高齢者、身体障害者等が円滑に利用できる特定建築物の建築の促進に関する法律施行規則** 　第8条　廊下等

項　目	関　係　法　令
3.3.26　内部出入口	**高齢者、身体障害者等が円滑に利用できる特定建築物の建築の促進に関する法律施行令** 　　第13条　利用円滑化経路 **高齢者、身体障害者等が円滑に利用できる特定建築物の建築の促進に関する法律施行規則** 　　第7条　出入口
3.3.27　屋内傾斜路	**高齢者、身体障害者等が円滑に利用できる特定建築物の建築の促進に関する法律施行令** 　　第9条　階段に代わり、又はこれに併設する傾斜路 **高齢者、身体障害者等が円滑に利用できる特定建築物の建築の促進に関する法律施行規則** 　　第11条　階段に代わり、又はこれに併設する傾斜路
3.3.28　自動車車庫	**建築基準法** 　　第27条　耐火建築物又は準耐火建築物としなければならない特殊建築物 **建築基準法施行令** 　　第130条の5　第1種低層住居専用地域及び第2種低層住居専用地域内に建築してはならない附属建築物 　　第130条5の5　第一種中高層住居専用地域内に建築してはならない附属建築物 　　第130条の7の2　第一種住居地域内に建築することができる大規模な建築物 　　第130条の8　第二種住居地域内に建築することができる附属自動車車庫 **消防法施行令** 　　第2章第3節　設置及び維持の技術上の基準 **駐車場法施行令** 　　第2章第一節　構造及び設備の基準
3.3.29　自転車置場	**自転車の安全利用の促進及び自転車の駐車対策の総合的推進に関する法律** 　　第5条　自転車等の駐車対策の総合的推進 　　第9条　自転車駐車場の構造及び設備の基準

項　目	関　係　法　令
3.3.30 喫煙スペース	**健康増進法** 　　第5章第2節　受動喫煙の防止
3.4　仕上げの選定	**循環型社会形成推進基本法** **資源の有効な利用の促進に関する法律** **建設工事における資源の再資源化等に関する法律** **建設リサイクル推進計画 2002** **グリーン購入法** **特定物質の規制等によるオゾン層の保護に関する法律**
3.5.1　手すり	**高齢者、身体障害者等が円滑に利用できる特定建築物の建築の促進に関する法律施行令** 　　第8条第1項　階段 　　第9条第1項　階段に代わり、又はこれに併設する傾斜路 　　第11条第2項、第3項　敷地内の通路 **高齢者、身体障害者等が円滑に利用できる特定建築物の建築の促進に関する法律施行規則** 　　第3条　計画の認定の申請 　　第9条　階段 　　第11条　階段に代わり、又はこれに併設する傾斜路 　　第14条　便所 　　第15条　敷地内の通路
3.6　案内・表示 3.6.5　視覚障害者誘導用 　　　　ブロック等	**高齢者、身体障害者等が円滑に利用できる特定建築物の建築の促進に関する法律施行令** 　　第14条2項　案内設備までの経路

資料　3　寒地・標準地・暖地の範囲

寒地の範囲は『寒地建築設計施工便覧』（北海道建築指導センター編 1973 年）による。

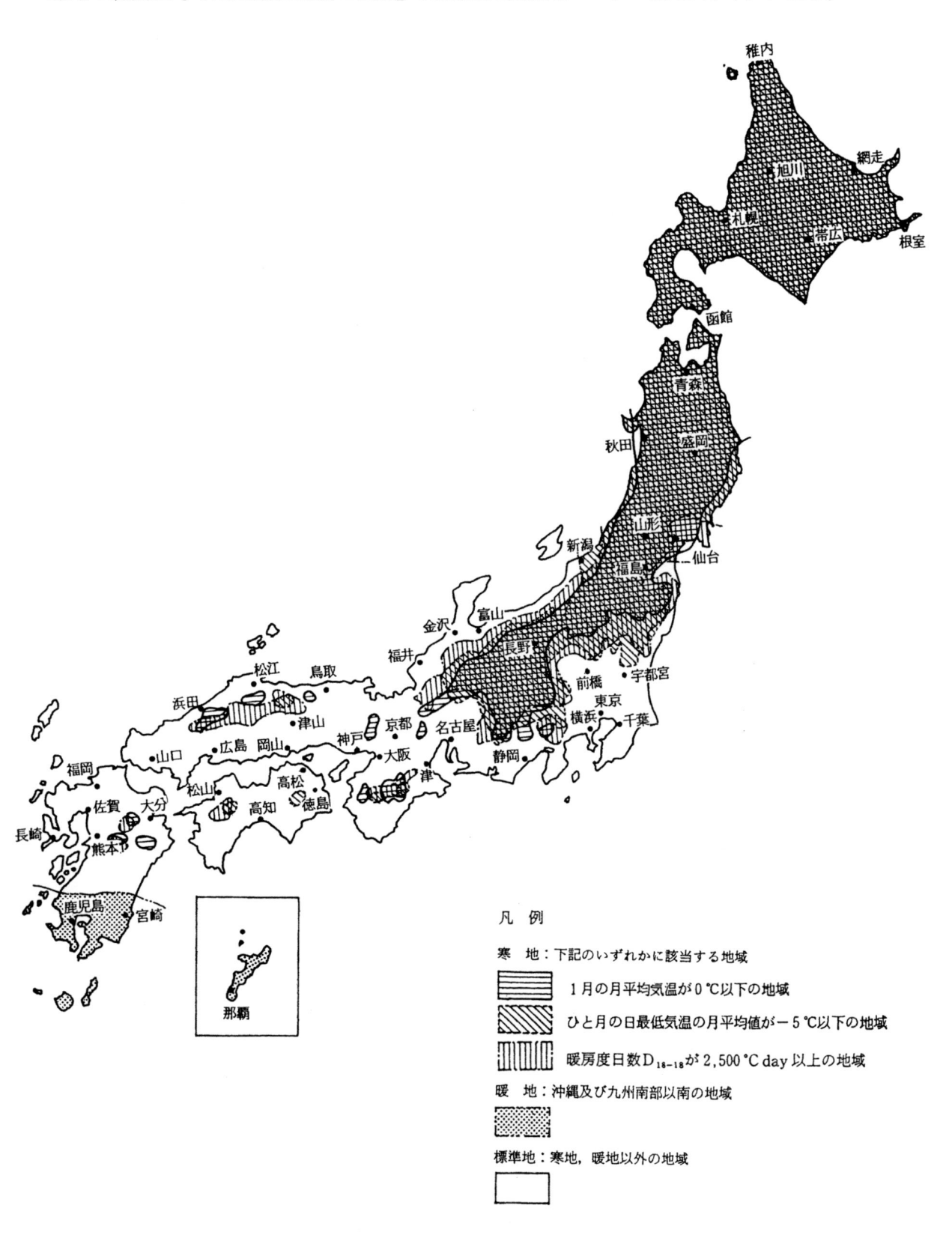

凡　例

寒　地：下記のいずれかに該当する地域

　　　　1 月の月平均気温が 0 ℃以下の地域

　　　　ひと月の日最低気温の月平均値が －5 ℃以下の地域

　　　　暖房度日数 D_{18-18} が 2,500 ℃ day 以上の地域

暖　地：沖縄及び九州南部以南の地域

標準地：寒地，暖地以外の地域

資料 4　断熱材の設置例

表1　ポリスチレンフォーム保温材の厚さ (mm)

地域の区分		屋根	外壁	柱梁型	外周基礎内面	断熱材の設置に係る地域区分の凡例
寒地	A	50	30	30	30	
	B	25	25	25	25	
標準地		25	25	—	—	
暖　地		25	—	—	—	

注(1)　地域の区分は、資料3「寒地・標準値・暖地の範囲」による。
(2)　資料3における標準地のうち、宮城、福島、新潟、富山、石川県は寒地Bに含める。
(3)　表1における断熱材の厚さは、省エネルギー設計のための例であるが、必要に応じて地域性を考慮する。なお、熱負荷計算等による場合は、部位別に熱貫流率を算出して厚さを決定する。
(4)　ヒートブリッジ等に起因する結露に留意する。
(5)　断熱材の厚さはJIS A 9511（発泡プラスチック保温材）押出法ポリスチレンフォーム保温板2種b（熱伝導率0.034W/m・K {0.029kcal/m・h・℃}）程度の場合を示す。

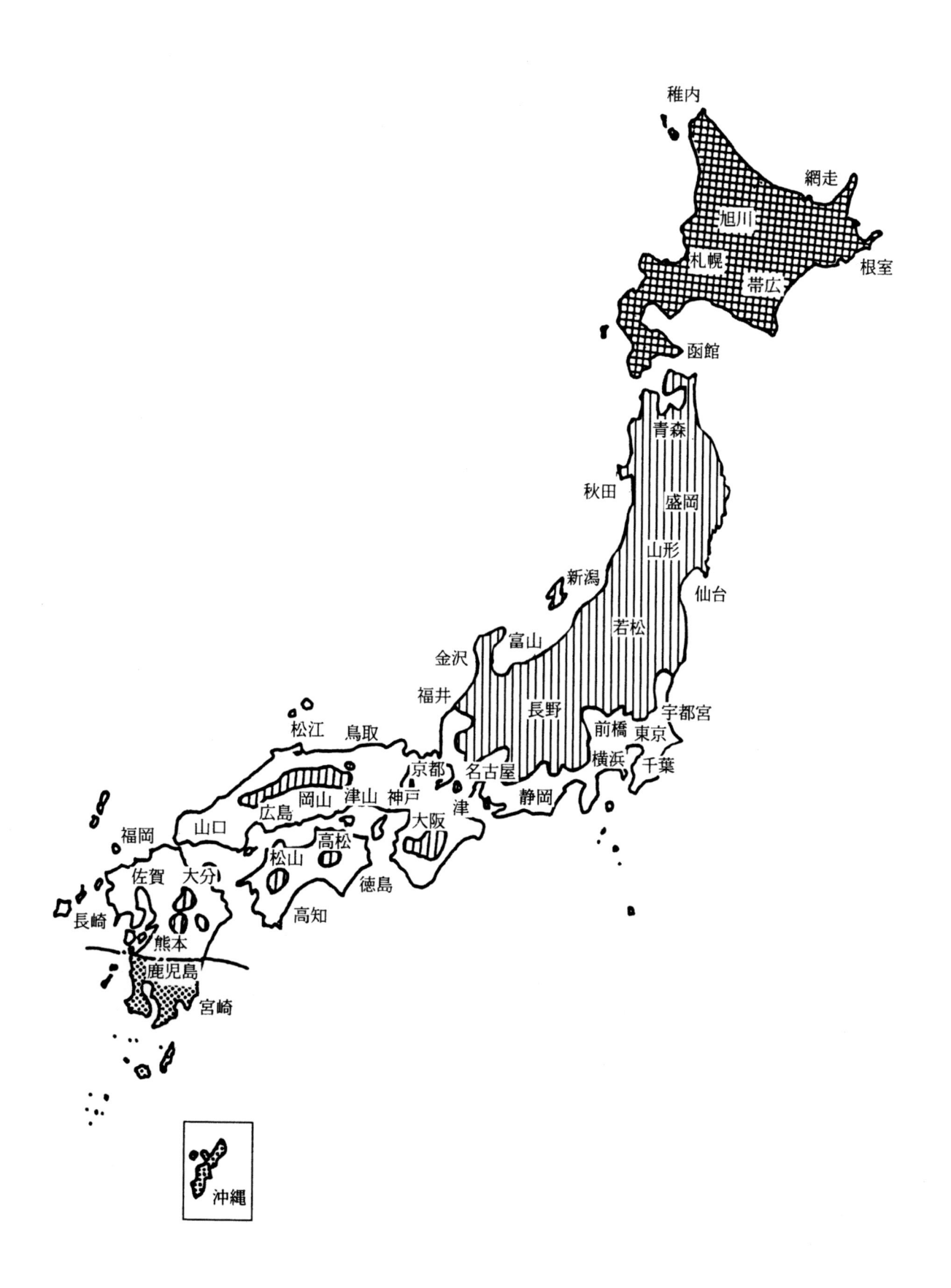

図　断熱材の設置に係る地域区分

【断熱材打ち込み例（寒地の場合）】

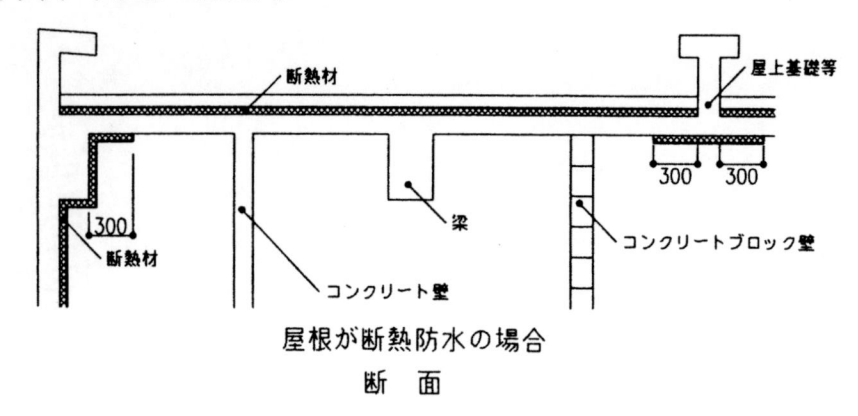

屋根が断熱防水の場合
断面

土間コンクリートの場合 / **土間床版の場合**
断面

平面

注(1) 断熱材は原則として、コンクリート打込みとする。ただし、後張り部分は断熱材張付け又は現場発泡断熱材等を使用する。
(2) 建具まわりなどの断熱補修部分は、断熱材張付け又は現場発泡断熱材等を使用する。（詳細については、建築工事標準詳細図4－51～53参照）
(3) ピロティーなど外気に接する中間階床下の断熱材の厚さは、外壁に準ずる。
(4) 土間コンクリート、土間床版下断熱材の打込み範囲及び厚さについては、必要に応じて地域性を考慮し決定する。
　なお、接地部分及び屋根の断熱防水の断熱材は、特記がなければJIS A 9511（発泡プラスチック保温材）押出法ポリスチレンフォーム保温板3種b（熱伝導率0.028W/m・K{0.024kcal/m・h・℃}）程度とする。
(5) 発泡プラスチック断熱材については、原則としてノンフロンのものとする。

【断熱材打ち込み例（標準地の場合）】

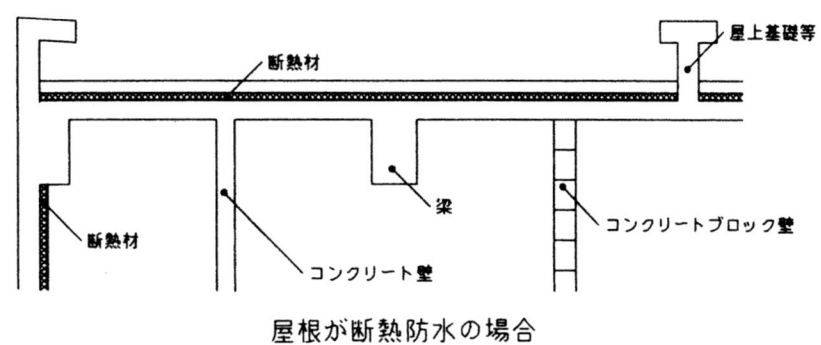

屋根が断熱防水の場合

断面

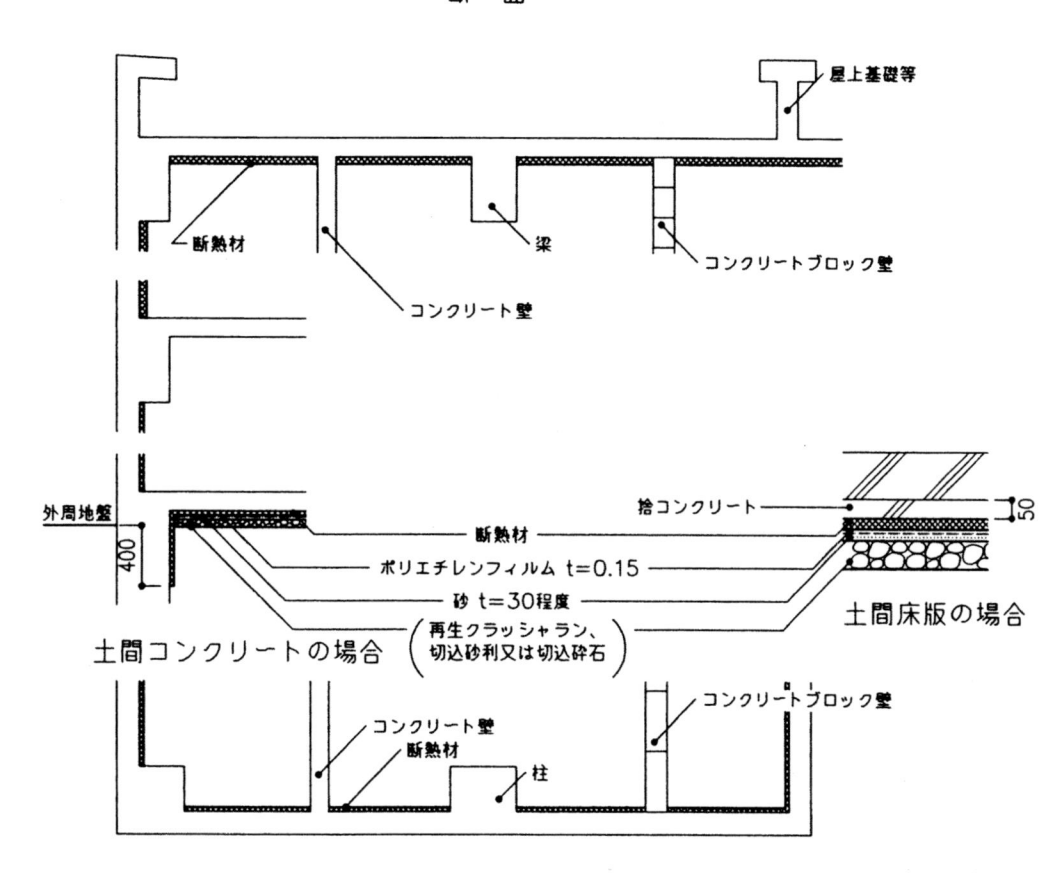

断面

土間コンクリートの場合　　土間床版の場合

平面

【断熱材打ち込み例（暖地の場合）】

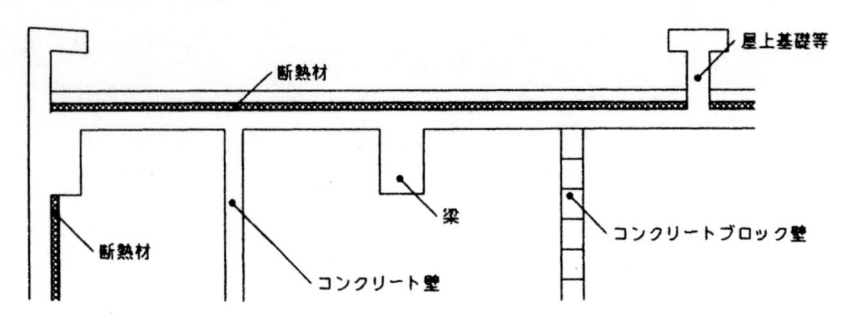

屋根が断熱防水の場合

断　面

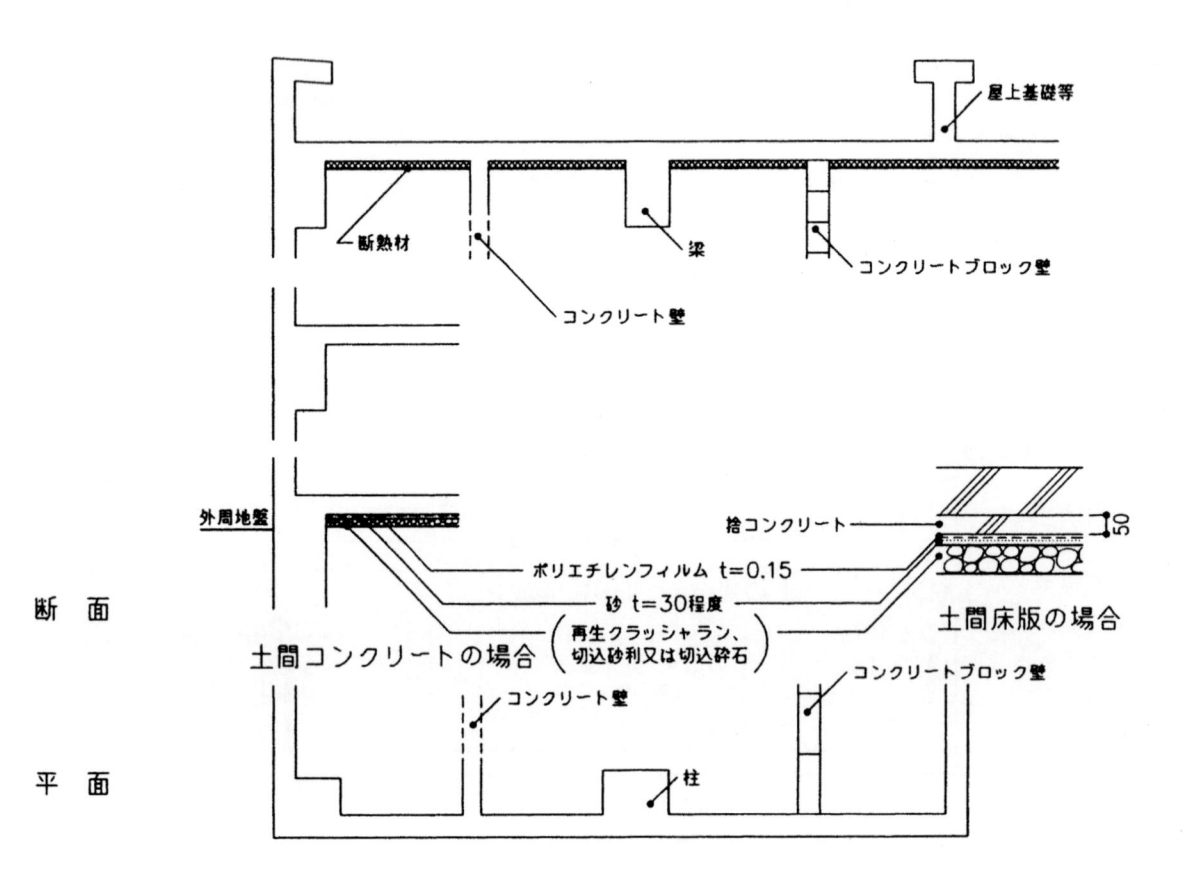

断　面

平　面

表2 断熱材の部位別詳細例及び熱貫流率の計算例

屋根

（保護コンクリート、ポリエチレンフィルム⑦0.15、防水層、コンクリート、断熱材（PF板））

K値（W/㎡・K）

t＼T	130
PF板⑦20	0.94
PF板⑦25	0.83
PF板⑦30	0.73
PF板⑦50	0.51

PF板は、JIS A 9511 押出法ポリスチレンフォーム保温板2種b

（保護コンクリート、フラットヤーンクロス、断熱材（PF板）、防水層、コンクリート）

K値（W/㎡・K）

t＼T	130
PF板⑦25	0.76
PF板⑦30	0.66

PF板は、JIS A 9511 押出法ポリスチレンフォーム保温板3種b

外壁

（コンクリート増打、断熱材（PF板）、空気層、せっこうボード⑦12.5）

K値（W/㎡・K）

t＼T	150
PF板⑦20	0.99
PF板⑦25	0.87
PF板⑦30	0.77

PF板は、JIS A 9511 押出法ポリスチレンフォーム保温板2種b

外壁

t \ T	150
PF板㊉20	1.15
PF板㊉25	0.99
PF板㊉30	0.86

K値（W/㎡·K）

PF板は、JIS A 9511 押出法ポリスチレンフォーム保温板2種b

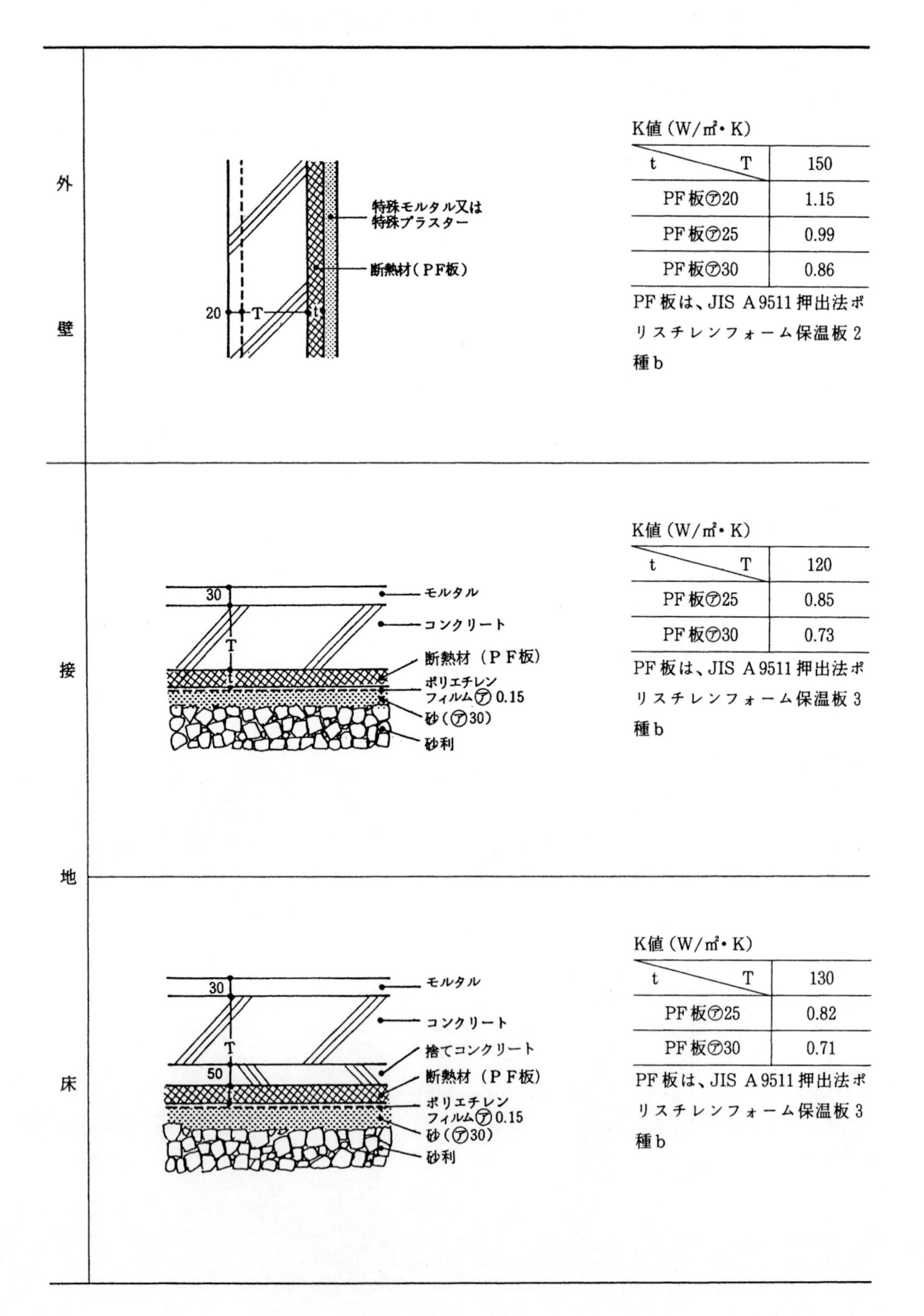

接地

t \ T	120
PF板㊉25	0.85
PF板㊉30	0.73

K値（W/㎡·K）

PF板は、JIS A 9511 押出法ポリスチレンフォーム保温板3種b

床

t \ T	130
PF板㊉25	0.82
PF板㊉30	0.71

K値（W/㎡·K）

PF板は、JIS A 9511 押出法ポリスチレンフォーム保温板3種b

資料 5　防水層種別選定の目安

(『建築工事監理指針（平成16年版）』((社)公共建築協会)による)

用　途	下地の構造等	防水層の種別
重要な建物及び電気関係諸室で，特に高度な防水性能を必要とする屋根	現場打ち鉄筋コンクリートスラブで剛性が高く，変形やひび割れの生じるおそれのないもの	A－1 AⅠ－1
	現場打ち鉄筋コンクリートスラブで剛性が低く，変形やひび割れの生じるおそれのあるもの又は床型枠用鋼製デッキプレートを用いた鉄筋コンクリートスラブ	B－1 BⅠ－1
一般事務庁舎等の屋根	現場打ち鉄筋コンクリートスラブで剛性が高く，変形やひび割れの生じるおそれのないもの	A－2 AⅠ－2 (D－1, AS－1, S－F1〜2, X－2)
	現場打ち鉄筋コンクリートスラブで剛性が低く，変形やひび割れの生じるおそれのあるもの又は床型枠用鋼製デッキプレートを用いた鉄筋コンクリートスラブ	B－2 BⅠ－2 (D－1, AS－1, S－M1〜3, X－1)
自動車車庫，倉庫等の屋根	現場打ち鉄筋コンクリートスラブで剛性が高く，変形やひび割れの生じるおそれのないもの	D－1 (D－2) AS－1 (AS－2) (S－F1〜2, S－M1〜3, X－2)
	現場打ち鉄筋コンクリートスラブで剛性が低く，変形やひび割れの生じるおそれのあるもの又は床型枠用鋼製デッキプレートを用いた鉄筋コンクリートスラブ	D－1 (D－2) AS－1 (AS－2) (S－M1〜3, X－1)
地下外壁		Y－1
浴室，厨房，地下室，貯水槽等		E－1
地下室，便所，湯沸室等の簡易なもの		E－2 又は Y－2

(注)　(　)内は，歩行・非歩行用等の使用形態，施工性，保全性，経済性等を考慮して選定することが可能なものを示す。
　　　防水層の種別は，「公共建築工事標準仕様書（建築工事編）平成16年版」による。

資料　6　高齢者、障害者等の利用を考慮した設計資料

1　関係法令の概要

（1）　高齢者、身体障害者等が円滑に利用できる特定建築物の建築の促進に関する法律
（平成6年法律第44号）（ハートビル法）

　　ハートビル法については、法制定後一定期間が経過し、生活環境整備の体制の熟成、高齢化の進展等を踏まえ、高齢者、身体障害者等が円滑に利用できる特定建築物[1]の建築を一層推進するため、平成14年に改正され、平成15年4月1日から施行されている。主な規定内容は次のとおり。

① 特別特定建築物の建築等における基準適合義務等

　　特別特定建築物[2]の政令で定める規模（延べ床面積2千㎡）以上の建築をしようとする者は、当該建築物を高齢者、身体障害者等が円滑に利用できるようにするために必要な政令で定める特定施設[3]の構造及び配置に関する基準（以下「利用円滑化基準」という。）に適合させなければならない。

　　地方公共団体は、その地方の自然的社会的条件の特殊性により、条例において、特別特定建築物に追加し、建築の規模を政令で定める規模未満で別に定め、又は利用円滑化基準に必要な事項を付加することができる。

② 特定建築物の建築等における努力義務等

　　特定建築物の建築、又は特定施設の修繕・模様替をしようとする者は、当該特定建築物及び特定施設を利用円滑化基準に適合させるために必要な措置を講ずるよう努めなければならない。

③ 特定建築物の建築等及び維持保全の計画の認定

　　a．特定建築物の建築、修繕又は模様替をしようとする者は、特定建築物の建築等及び維持保全の計画を作成し、所管行政庁の認定を申請することができる。（認定建築物については、容積率の特例等があるほか、認定を受けている旨の表示ができる。）
　　b．所管行政庁は、申請があった場合、当該申請に係る特定建築物等及び維持保全の計画が「利用円滑化基準」を超え、かつ、「利用円滑化誘導基準」等に適合すると認めるときは、「計画の認定」をすることができる。

（注）1）特定建築物：　学校、病院、劇場、観覧場、集会場、展示場、百貨店、ホテル、事務所、共同住宅、老人ホームその他の多数の者が利用する政令で定める建築物又はその部分をいい、これらに附属する特定施設を含むものとする。
　　　2）特別特定建築物：　不特定かつ多数の者が利用し、又は主として高齢者、身体障害者等が利用する特定建築物で、高齢者、身体障害者等が円滑に利用できるようにすることが特に必要なものとして政令で定めるものをいう。
　　　3）特定施設：　出入口、廊下、階段、昇降機、便所、敷地内の通路その他の政令で定める施設をいう。

（2） 高齢者、身体障害者等の公共交通機関を利用した移動の円滑化の促進に関する法律（平成12年法律第68号）（交通バリアフリー法）

　　交通バリアフリー法については、高齢者、身体障害者等の公共交通機関を利用した移動の利便性・安全性の向上を促進するため、鉄道駅等の旅客施設及び車両について、公共交通事業者によるバリアフリー化を推進するとともに、鉄道駅等の旅客施設を中心とした一定の地区において、市町村が作成する基本構想に基づき、旅客施設、周辺の道路、駅前広場等のバリアフリー化を重点的・一体的に推進するものである。主な規定内容は次のとおり。

① 基本方針
　　国は、公共交通機関を利用する高齢者、身体障害者等の移動の利便性及び安全性の向上を総合的かつ計画的に推進するため、基本方針を策定。
② 公共交通事業者が講ずべき措置
　　公共交通事業者に対し、鉄道駅等の旅客施設の新設・大改良、車両の新規導入の際、この法律に基づいて定められるバリアフリー基準への適合を義務付ける。既存の旅客施設・車両については努力義務とする。
③ 重点整備地区におけるバリアフリー化の重点的・一体的な推進
　　a．市町村が、基本方針に基づき、一定規模の旅客施設を中心とした地区において旅客施設、道路等のバリアフリー化を重点的・一体的に推進するため、基本構想を作成。
　　b．公共交通事業者、道路管理者及び都道府県公安委員会が、基本構想に従ってそれぞれ具体的な事業計画を作成し、バリアフリー化のための事業を実施。
　　c．地方公共団体等は、駅前広場、通路、駐車場等について、基本構想に従ってバリアフリー化を実施。

（3） 高齢者、障害者等の移動等の円滑化の促進に関する法律（平成18年法律第91号）
　　従来のハートビル法と交通バリアフリー法を統合した、高齢者、障害者等の移動等の円滑化の促進に関する法律が、平成18年6月21日に公布され、同年12月までに施行される予定である。
　　同法では、高齢者、障害者等の円滑な移動及び建築物等の施設の円滑な利用の確保に関する施策を総合的に推進するため、主務大臣による基本方針及び旅客施設、建築物等の構造・設備の基準の策定のほか、市町村が定める重点整備地区において、高齢者、障害者等の計画段階からの参画を得て、旅客施設、建築物等及びこれらの間の経路の一体的な整備を推進するための措置等について定められている。

2．利用者に応じて配慮すべき事項

　高齢者、障害者等を含め、誰もが使いやすい官庁施設を設計するには、様々な利用者の特徴とこれに応じて配慮すべき事項をよく理解し、より良い解決策を導き出していくことが重要である。

　下表では、様々な利用者について、配慮すべき事項及び建築的対応の方法を整理したものである。ただし、すべてを網羅しているわけではなく、また、一人一人のニーズも異なると考えられることからあくまでも建築的配慮の目安として示すものである。

表　利用者に応じて配慮すべき事項

対象		配慮すべき事項	建築的対応の方法
高齢	身体機能の低下	・骨格・筋力の低下 ・疲れやすい	・事故の起こりにくい計画（床材料、床段差、階段、障害物等） ・手すりの設置 ・各種器具の寸法・取付け位置 ・使いやすい家具・器具類（引戸建具、大型スイッチ、レバー式取手、大型水栓金具）の使用と配慮 ・機器の自動化 ・腰かけ、洋風便器 ・階段（踏面、けあげ寸法、踊場） ・座って休むところ、水飲器の設置
	感覚機能の低下	・視覚、聴覚、味覚、臭覚、触覚の低下	・明るい照明・手元灯 ・輝度の高い光源が直接目に入らない照明計画 ・足元灯の設置 ・明るく温かみのある色彩計画 ・色による識別（コントラストのある配色） ・暖房の温度を高めに設定 ・温湯の自動調整 ・警報音などの音は大きくし、低周波の音とする。 ・耳が聞こえにくくなり、大声で話したりテレビなどの音を大きくするので、部屋の遮音性能を向上させる。
	生理機能の低下	・生理機能の総合的低下	・日照・通風・室温等の良好な部屋環境の確保 ・各部屋の温度差をなくす。 ・便所・浴室の出入口は引戸、外開き戸、非常時の開錠 ・便所等の位置
	心理機能の低下	・記憶力、判断力の低下	・使い慣れた家具、器具類 ・機器の自動化 ・温湯の自動調節 ・ドアクローザー、設備機器等のゆっくりとした動作 ・明快な動線、避難ルート ・ガス器具の使用を避ける、ガス漏れ警報装置
	認知症	・方向感覚、記憶、判断力等の低下	・便所の位置、設備の工夫 ・設備操作の自動化 ・明快な動線、避難ルート ・丈夫な材料（床・壁）、特殊ガラス ・管理システム

対象		配慮すべき事項	建築的対応の方法
肢体不自由	車いす使用	・段差、急斜面の移動困難	・歩道の縁石、建物出入口の段差をなくす。 ・階段、歩道橋のない動線計画
		・キャスター（車いすの小輪）のはまりこみ	・エレベーターのかごの床と各階の床のすき間を小さくする。 ・グレーチングのすき間を狭める。
		・移動困難、通行不能箇所	・路面の凹凸、砂利道、ぬかるみ、未舗装の道を避けた動線計画
		・床と車輪との摩擦による移動・回転の困難	・毛足の長いじゅうたんは避ける。 ・畳は使用しない
		・回転スペース確保	・廊下の曲がり角、出入口ドアの前後、ベッド周り ・廊下の曲がり角、出入口ドアの前後、ベッド周り
		・通行幅の確保	・出入口開口幅、廊下の幅
		・横方向への移動困難（前後移動が必要）	・カウンター、物品の陳列棚、図書室の書架、自動販売機等の配置
		・移動時には両手がふさがる	・雨の日に傘なしで移動できる動線
		・手の届く範囲（高所）	・棚、物入れ、引出し、公衆電話の高さ ・エレベーターの操作ボタン 　（高さ FL＋100 cm程度） ・スイッチ類 　（高さ FL＋110 cm程度）
		・手の届く範囲（低所）	・下方の引出しを避ける。 ・コンセント（高さ FL＋35〜100 cm） ・コンセント（高さ FL＋40 cm程度）
		・手の届く範囲（横・前後）	・湯沸流しの棚、物品の陳列棚、カウンター、図書室の書架、水飲み台車いすの足台（フットレスト）あるいは肘受け（アームレスト）がつかえないように（横方向 70 cm程度の幅が必要）
		・視線の位置が低い	・手洗い器、窓口カウンター、鏡等の位置
		・膝、肘受け（アームレスト）の高さが通常の座位よりも高い	・机、テーブル、流し、手洗い器の下に膝の入るスペースの確保
		・車いすからの移乗スペース	・便器の周囲、駐車場で移乗スペースを確保
	歩行困難	・段差や斜面の移動困難	・勾配・手すりの設置
		・足先の引っかかりによる転倒の危険	・踏面の凹凸、段差の段裏 ・歩道の切り下げが支障となる。
		・杖先の滑り	・床仕上（砂利道、ぬかるみを避けた動線計画） ・杖がながれない立ち上りをつくる。
		・杖先のはまり	・溝、エレベーターのかごと床のすき間を狭める
		・杖を使っての通行・回転スペース	・廊下、出入口の幅、便所内のスペース
		・しゃがめない	・洋風便器、便房内の手すり
		・手の届く範囲（低所）	・下方の引出しを避ける。 ・コンセントの位置、自販機の取出し口の高さ
	上肢不自由	・細かい作業を苦手とする	・使い慣れた家具・器具類 ・機器の自動化
		・握力などの力がない	・ドアの把手などのサイズ、つかみやすさ、開閉方向

対象		配慮すべき事項	建築的対応の方法
視覚不自由	全盲 準盲	・位置・状態・形を確認することが困難 ・歩行には、歩行幅、歩行距離、足裏の感触、音等に頼る。	・蛇行した道路や道路両端の位置、段差、溝、路上の一時的な障害物等の確認方法 ・施設内案内方法 ・緊急時の対応設備を設ける。
		・墨字記述事項の確認が困難	・点字、音声による案内
	弱視	・拡大文字が必要となる	・大きな字・サイン・照明 ・注意喚起のための色彩計画(コントラスト配色)
	色覚異常	・色が見分けにくい 第一色覚異常:赤、青緑 ┐灰色に 第二色覚異常:青、赤紫 ┘見える	・色の位置を統一する。(交通信号のように色と位置が決まっているとわかりやすい)
	視野狭窄	・視野が狭い	・周辺事情を認識しやすいように
	明暗順応	・特に暗順応が遅く弱い	・明るさを急激に変えないようにする。
聴覚・言語不自由	聴覚不自由	・音が聞こえにくい ・言葉が聞きとりにくい	・非常時の伝達方法(聴覚以外による伝達方法) ・視覚による分かりやすい伝達空間 (遮音、吸音、照明等)
	言語不自由	・会話によるコミュニケーションがとりにくい	・ソフト面との連繋 (手話や筆談のできる人の配置など)
内部機能障害		・疲れやすい ・自己の身辺での日常生活が制約される(例 人工透析など)	・座って休めるところ、近いトイレ ・階段、スロープの勾配 ・緊急時の対応設備
知・情・意の障害	精神薄弱	・判断力、理解力が低い	・分かりやすい平面計画、色彩計画 ・事故の起こりにくい計画
	精神病 統合失調症 てんかん等	・異食や自分を傷つける行動等	・ソフト面との連繋
その他の不自由	けがなどによる一時的不自由者	・「肢体不自由」に近い状態	・各種「肢体不自由」に準じる。
	子供を抱いた親		・ベビーベッドの設置、子供を預ける場所
	乳母車を押す人		・乳母車を置く場所 ・「車いす使用者」と同様の配慮事項
	荷物を持った人		・トイレ、電話等の利用時、荷物を置く場所
	乳幼児・子供		・子供用の設置(便器、手すり、スイッチの位置等) ・分かりやすい動線、サイン計画 ・落下防止などの安全性 ・授乳への対応
	超大・超小の体格		・設備(便器、手すり、スイッチの位置等)
	妊婦		・「高齢者」と同様の配慮事項
	外国人	・日本語が理解できない ・意思を伝えられない	・分かりやすいサイン、ピクトグラフ ・外国語でのアナウンス
		・和式の施設が使えない	・洋式便器など

3 補助器具等

3.1 車いす

車いすは、歩行が不可能な人や困難な人のための移動の道具である。車いすは、医療の現場で医師や療法士から勧められ、医師の処方のもとに製作業者によってつくられるオーダーメード品と、標準的ないくつかの大きさに作って売られているレディーメード品（標準規格品）とに分けられる。

3.1.1 手動車いす

車いすの形状・寸法はＪＩＳ T9201（車いす）により定められている。その種類は、主としてその外観及び用途によって、自走用と介護用に分けられる。自走用には標準型、座位変形型、スポーツ型、特殊型があり、介護用には標準型、座位変形型、浴用型、特殊型がある。

車いすの全幅は７００mm以下とされているが、日本国内の建築関係の現状を考慮し、当分の間６５０mm以下が推奨されている。

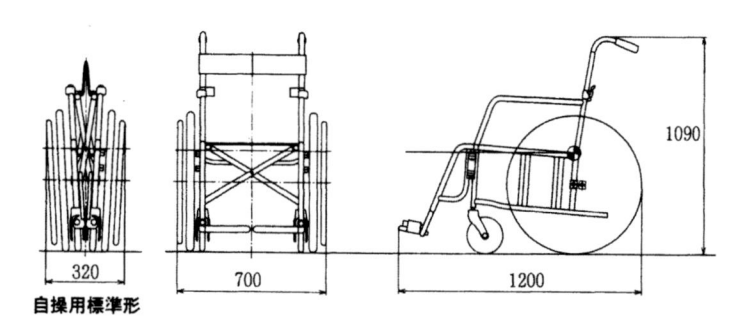

部位	寸法値
全長	1200 以下
全幅	700 以下
フットサポート（フットレスト）高	50 以上
全高	1090 以下

（単位mm）

図１　JIS T 9201 による手動車いすの寸法

3.1.2 電動車いす

電動車いすの寸法はＪＩＳ T9203（電動車いす）により定められている。形式は標準型、ハンドル型、座位変換型、簡易型があり、速度による分類には低速用、中速用がある。

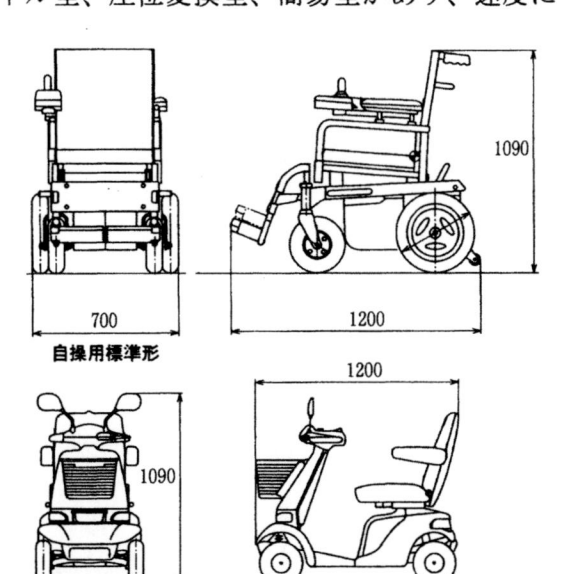

区分	最大値*
全長	1200
全幅	700
全高	1090

（単位mm）

＊ リクライニング機構、リフト機構及びチルト機構を装備する電動車いすは標準状態の寸法とする。

図２　JIS T 9203 による電動車いすの寸法

図3 車いす動作に必要な最小寸法

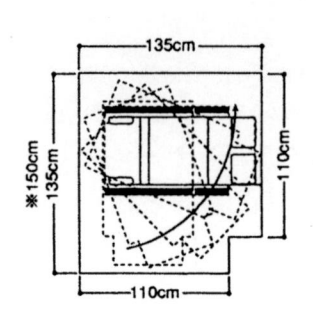

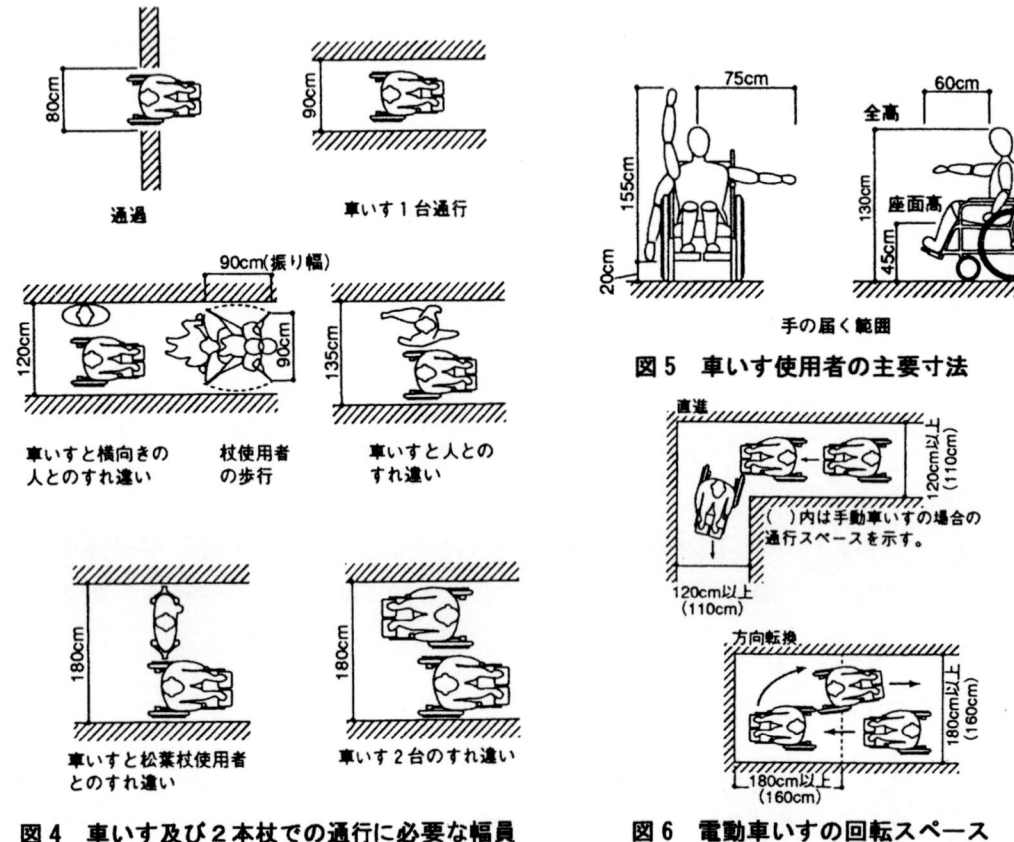

90°方向転換に必要な最小寸法
※電動車いすの場合の最小数値

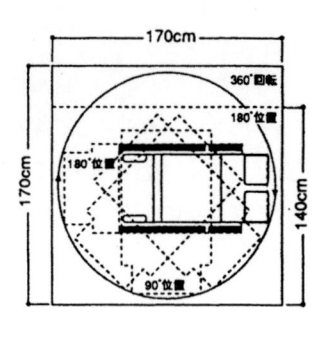

車いす中心に180°、360°回転に必要な最小寸法

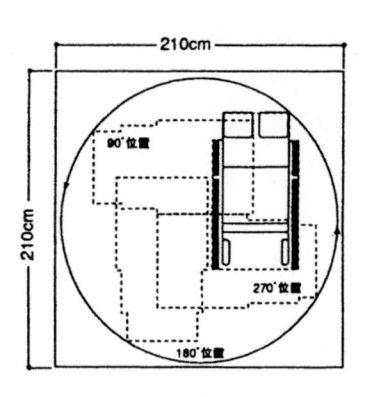

片側の車輪を中心に360°回転に必要な最小寸法
片まひ用車いす（電動いす最小空間）
90°回転　最小150cm×180cm
180°回転　最小180cm×190cm

通過　車いす1台通行

車いすと横向きの人とのすれ違い　杖使用者の歩行　車いすと人とのすれ違い

車いすと松葉杖使用者とのすれ違い　車いす2台のすれ違い

図4 車いす及び2本杖での通行に必要な幅員

手の届く範囲

図5 車いす使用者の主要寸法

（　）内は手動車いすの場合の通行スペースを示す。

直進

方向転換

図6 電動車いすの回転スペース

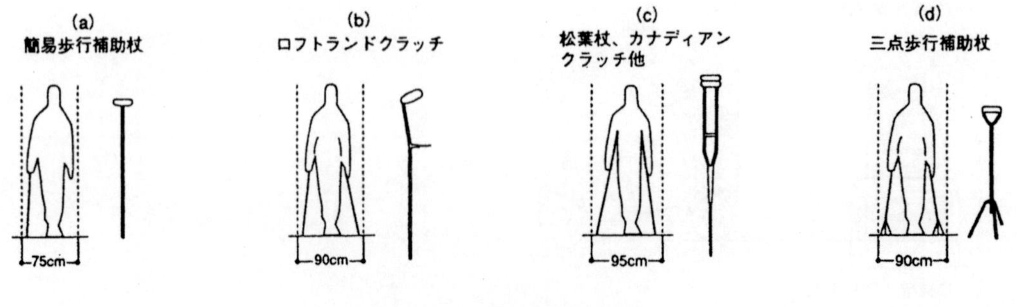

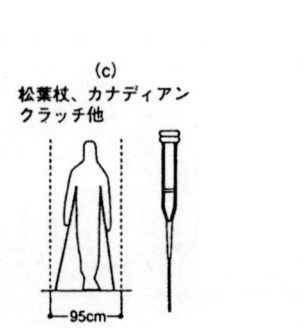

(a) 簡易歩行補助杖　75cm
(b) ロフトランドクラッチ　90cm
(c) 松葉杖、カナディアンクラッチ他　95cm
(d) 三点歩行補助杖　90cm

図7 杖の種類と歩行幅

3.2 歩行補助具

歩行補助具は、歩行を自立させるための補助具で、障害に応じて選択される。

3.2.1 杖など

歩行困難者の補助具として松葉杖のほか、各種の杖（クラッチ）がある（図7参照）。

3.2.2 白杖

視覚障害者が、通常歩行時に前方空間を確認するために使用するもので、単独歩行の基本的なものである。

3.2.3 身体障害者補助犬

盲導犬、介助犬及び聴導犬をいい、身体障害者補助犬法により、国等の施設、不特定かつ多数の者が利用する施設等への同伴を可能とするよう定められている。

資料　7　点字表示に関する資料

1．点字の基本

（1）点字の基本

点字は、マス中の6個の点及びそれらの組合せで表されます。それぞれの点を1の点から6の点と呼びます。

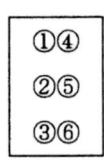

```
①④
②⑤
③⑥
```

（2）点字の大きさ（『機械設備工事監理指針（平成16年版）』（(社)公共建築協会）による）

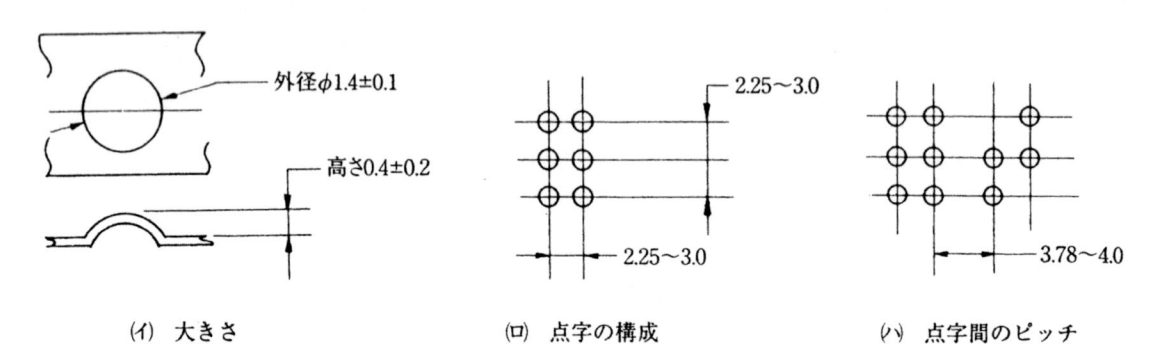

- 外径φ1.4±0.1
- 高さ0.4±0.2
- 2.25～3.0
- 2.25～3.0
- 3.78～4.0

(イ) 大きさ　　(ロ) 点字の構成　　(ハ) 点字間のピッチ

（3）50音

あ	か	さ	た	な	は	ま	や	ら	わ	ん
①−	①−	①−	①−	①−	①−	①−	−④	①−	−−	−−
−−	−−	−⑤	−⑤	−−	−−	−⑤	−−	−⑤	−⑤	−⑤
−−	−⑥	−⑥	③−	③−	③⑥	③⑥	③−	−−	③−	③⑥

い	き	し	ち	に	ひ	み		り	ヰ	っ
①−	①−	①−	①−	①−	①−	①−		①−	−−	−−
②−	②−	②⑤	②⑤	②−	②−	②⑤		②⑤	②⑤	②−
−−	−⑥	−⑥	③−	③−	③⑥	③⑥		−−	③−	−−

う	く	す	つ	ぬ	ふ	む	ゆ	る		−
①④	①④	①④	①④	①④	①④	①④	−④	①④		−−
−−	−−	−⑤	−⑤	−−	−−	−⑤	−−	−⑤		②⑤
−−	−⑥	−⑥	③−	③−	③⑥	③⑥	③⑥	−−		−−

え	け	せ	て	ね	へ	め		れ	ヱ	、
①④	①④	①④	①④	①④	①④	①④		①④	−−	−−
②−	②−	②⑤	②⑤	②−	②−	②⑤		②⑤	②⑤	−⑤
−−	−⑥	−⑥	③−	③−	③⑥	③⑥		−−	③−	−⑥

お	こ	そ	と	の	ほ	も	よ	ろ	を	。
−④	−④	−④	−④	−④	−④	−④	−④	−④	−−	−−
②−	②−	②⑤	②⑤	②−	②−	②⑤	−⑤	②⑤	−⑤	②⑤
−−	−⑥	−⑥	③−	③−	③⑥	③⑥	③−	−−	③−	−⑥

（４）拗音（ゃ、ゅ、ょ）

各文字の前に④の点のマスを用いて以下の例のように表します。

晴眼者文字	きゃ （か）	きゅ （く）	きょ （こ）
点字	－④　①－ －－　－－ －－　－⑥	－④　①④ －－　－－ －－　－⑥	－④　－④ －－　②－ －－　－⑥

※　④と子音のか、く、こを用いて、きゃ、きゅ、きょの点字になります。

（５）濁音（゛）

各文字の前に⑤の点のマスを用いて以下の例のように表します。

晴眼者文字	が	ぎ	ぐ	げ	ご
点字	－－　①－ －⑤　－－ －－　－⑥	－－　①－ －⑤　②－ －－　－⑥	－－　①④ －⑤　－－ －－　－⑥	－－　①④ －⑤　②－ －－　－⑥	－－　－④ －⑤　②－ －－　－⑥

（６）拗濁音

拗濁音は、拗音に用いる④と濁音に用いる⑤を組み合わせて以下の例のように表します。

晴眼者文字	ぎゃ	ぎゅ	ぎょ
点字	－④　①－ －⑤　－－ －－　－⑥	－④　①④ －⑤　－－ －－　－⑥	－④　－④ －⑤　②－ －－　－⑥

※　④＋⑤と子音のか、く、こを用いて、ぎゃ、ぎゅ、ぎょの点字になります。

（７）半濁音（゜）

各文字の前に⑥の点のマスを用いて以下のように表します。

晴眼者文字	ぱ	ぴ	ぷ	ぺ	ぽ
点字	－－　①－ －－　－－ －⑥　③⑥	－－　①－ －－　②－ －⑥　③⑥	－－　①④ －－　－－ －⑥　③⑥	－－　①④ －－　②－ －⑥　③⑥	－－　－④ －－　②－ －⑥　③⑥

（８）拗半濁音

拗半濁音は、拗音に用いる④と半濁音に用いる⑥を組み合わせて以下のように表します。

晴眼者文字	ぴゃ	ぴゅ	ぴょ
点字	－④　①－ －－　－－ －⑥　③⑥	－④　①④ －－　－－ －⑥　③⑥	－④　－④ －－　②－ －⑥　③⑥

※　④＋⑥と子音のは、ふ、ほを用いて、ぴゃ、ぴゅ、ぴょの点字になります。

(9) 数字

各数字の前に数字符をならべ、以下のように2マスで表示する。

数字符	1	2	3	4	5	6	7	8	9	0
-④	①-	①-	①④	①④	①-	①④	①④	①-	-④	-④
-⑤	--	②-	--	-⑤	-⑤	②-	②⑤	②⑤	②-	②⑤
③⑥	--	--	--	--	--	--	--	--	--	--

※ 数字が連続する場合は、最初に数字符を書きます。

2. 階段、スロープ、通路等の手すりの例

呼称	左矢印	右矢印	上	下
晴眼者マーク例	←	→	↑	↓
点字	-④ -- -- ②- ②⑤ ②⑤ -⑥ -- --	-- -- ①- ②⑤ ②⑤ -⑤ -- -- ③-	①④ ①④ -- ②- -- --	①- ①- ②⑤ -⑤ -⑥ ③-

3. 室名の例

2階	会議室	事務室
-④ ①- ①- ①- -⑤ ②- -- ②- ③⑥ -- -⑥ --	①- ①- ①- ①- ①④ -- ②- -⑤ ②- ②⑤ -⑤ -⑥ -- -- -⑥ -⑥ ③-	-- ①- ①④ ①- ①④ -⑤ ②⑤ -⑤ ②⑤ -⑤ -- -⑥ ③⑥ -⑥ ③-

玄関	受付	階段
-- ①④ -- ①- -- -⑤ ②- -⑤ -- -⑤ -- -⑥ ③⑥ -⑥ ③⑥	①④ ①④ ①④ ①④ -- ②- -⑤ ②-- -- -⑥ ③- -⑥	-① ①- -- ①- -- -- ②- ⑤- -⑤ -⑤ -⑥ -- -⑥ -③ ③⑥

男子トイレ	女子トイレ
-- ①- -- ①- -④ ①- ①④ -⑤ -⑤ -⑤ ②⑤ ②⑤ ②- ②⑤ -- ③- ③⑥ -⑥ ③- -- --	-④ -④ ①- -④ ①- ①④ -⑤ ②⑤ ②⑤ ②⑤ ②- ②⑤ -- -⑥ -⑥ ③⑥ -- --

4. エレベーター乗場ボタン及びかご内操作盤の例

(『機械設備工事監理指針（平成16年版）』((社)公共建築協会) による)

| 呼称 | 乗場ボタン | | | | | | かご内操作盤 | | | |
	昇り	降り	乗場階床数	戸開	戸閉	インターホン呼	行先ボタン			
晴眼者マーク (例)	↑	↓	/	◀▶	▶◀	☏	B1	M2	6	R
	ウエ	シタ	5カイ	アケ	シメ	ヒジョー	チカ1	チュー2	(6)数符	オク
点字	⠥⠑	⠱⠕	⠼⠑⠪⠃	⠁⠱	⠳⠾	⠦⠻⠱⠒	⠡⠡⠼⠁	⠩⠉⠒⠆	⠼⠋	⠊⠩

-116-

資料 8 案内図記号に関する資料

1．概要

今日、人及び物の国際交流が増大する中で、文字・言語の壁を超えて情報伝達を図る手段として案内用図記号の果たす役割は重要であり、不特定かつ多数の人々が利用する場所、建築物、印刷物などに用いる案内用図記号としてＪＩＳ Ｚ８２１０が定められている。

これに関連するＪＩＳ規格として、ＪＩＳ Ｓ０１０１（消費者用警告図記号）、ＪＩＳ Ｚ９１０１（安全色及び安全標識）、ＪＩＳ Ｚ９１０４（安全標識－－一般的事項）等が定められている。また、ＪＩＳ Ｚ８２１０に先立ち２００１年３月に「標準案内用図記号ガイドライン」が一般案内用図記号検討委員会（事務局：交通エコロジー・モビリティ財団）により取りまとめられている。

2．ＪＩＳ Ｚ８２１０等に規定される案内用図記号

ＪＩＳ Ｚ８２１０に規定される案内用図記号	「標準案内用図記号ガイドライン」に収録されるその他の図記号
案内用図記号－施設など	
公共・一般施設図記号 （案内所、情報コーナー、病院、救護所、警察、お手洗、男性、女性、身障者用設備、車椅子スロープ、飲料水、喫煙所、チェックイン/受付、忘れ物取扱所、ホテル/宿泊施設、きっぷうりば/精算所、手荷物一時預かり所、コインロッカー、休憩所/待合所、ミーティングポイント、銀行・両替、キャッシュサービス、郵便、電話、ファックス、カート、エレベーター、上りエスカレーター、階段、乳幼児用設備、クローク、更衣室、更衣室（女性）、シャワー、浴室、水飲み場、くず入れ、リサイクル品回収施設）	－
交通施設図記号 （航空機/空港、鉄道/鉄道駅、船舶/フェリー/港、ヘリコプター/ヘリポート、バス/バスのりば、タクシー/タクシーのりば、レンタカー、自転車、ロープウェイ、ケーブル鉄道、駐車場、出発、到着、乗り継ぎ、手荷物受取所、税関/荷物検査、出国手続/入国手続/検疫/書類審査）	－

JIS Z8210に規定される案内用図記号	「標準案内用図記号ガイドライン」に収録されるその他の図記号
商業施設図記号 レストラン　喫茶・軽食　バー　ガソリンスタンド　会計	店舗/売店　新聞　雑誌　薬局 理容/美容　手荷物託配
観光・文化・スポーツ施設図記号 展望地/景勝地　陸上競技場　サッカー競技場　野球場　テニスコート　海水浴場/プール　スキー場　キャンプ場 温泉	公園　博物館/美術館　歴史的建造物1　歴史的建造物2 歴史的建造物3　自然保護　スポーツ活動 スカッシュコート　スキーリフト　腰掛け式リフト
案内用図記号－安全など	
安全用図記号 消火器　非常電話　非常ボタン　広域避難場所	非常口
禁止図記号 一般禁止　禁煙　火気厳禁　進入禁止　駐車禁止　自転車乗り入れ禁止　立入禁止　走るな/かけ込み禁止 さわるな　捨てるな　飲めない　携帯電話使用禁止　電子機器使用禁止　撮影禁止　フラッシュ撮影禁止　ベビーカー使用禁止 遊泳禁止　キャンプ禁止	飲食禁止　ペット持ち込み禁止
注意図記号 一般注意　障害物注意　上り段差注意　下り段差注意　滑面注意　転落注意　天井に注意　感電注意	－
指示図記号 一般指示　静かに　左側にお立ちください　右側にお立ちください　二列並び　一列並び　三列並び　四列並び 矢印	安全バーを閉める　安全バーを開ける　徒歩客は降りる スキーの先を上げる　スキーヤーは降りる

3 使用上の留意事項

（1）法律又は条例で既に定められている図形がＪＩＳ　Ｚ８２１０図記号と同一か、又は類似しているものについて
　　① 「喫煙」、「禁煙」、「火気厳禁」については、市町村条例で定められている場合は、条例で定められた図記号を使用する必要がある。
　　② 道路交通法と類似する「駐車場」、「進入禁止」、「駐車禁止」、「自転車乗り入れ禁止」、「車輛通行止め」の５種類は、道路交通法による道路以外で使用することとされている。

（2）外形形状
　　ＪＩＳ　Ｚ８２１０の図記号の外形形状は、正方形、円形及び正三角形で構成されている。それらを混用して用いる場合には、それぞれの形状が視覚的に同じ大きさに見えるように寸法を調整する必要がある。

図１　案内用図記号の外形形状

（3）大きさ
　　ＪＩＳ　Ｚ８２１０の図記号は、視距離１ｍで表示する場合の最小寸法を３５ｍｍ角及び地図等に用いる場合の最小寸法を８ｍｍ角とする条件で設計されている。

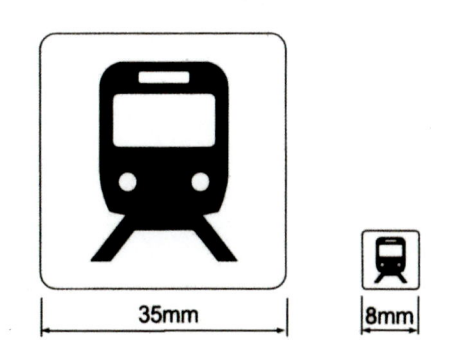

図２　視距離１ｍで表示する場合の最小寸法及び地図などに用いる場合の最小寸法

（4）色彩
　　ＪＩＳ規格の図記号には、黒、白、赤、緑、黄及び青の色彩が使用されている。「案内用図記号－安全など」に用いる図記号に使用する際は、次のマンセル値を参照する。（ＪＩＳ　Ｚ９１０１（安全色及び安全標識）による）
　　① 安全色　赤：7.5R4／15、緑：10G4／10、黄：2.5Y8／14、青：2.5ＰＢ3.5／10
　　② 対比色　黒：N1、白：N9.5

(5)「案内用図記号－施設など」の使用上の注意事項
① 「案内用図記号－施設など」は、通常白黒で表現されるが、場合によっては安全色を除いた他の色彩又は灰色を用いてもよい。
② 「お手洗い」図記号の男性、女性を明確にするために、男性を青、女性を赤に色分けすることができる。ただし、いずれも安全色を除く青系統、赤系統とする。
③ 「身障者用設備」図記号は、青地に白抜き又は黒地に白抜きを用いてもよい。
④ 有彩色又は灰色を用いる場合は、図と地色のコントラストが明確になるよう明度差を5以上とする。
⑤ 白地に黒の図記号を、黒地に白の図記号として、反転することができる。
⑥ 図記号によっては、誘導方向及び設置環境に応じて、左右を反転することができる。

(6)「案内用図記号－安全など」の使用上の注意事項について
　　「案内用図記号－安全など」は、JIS　Z9101（安全色及び安全標識）及びJIS　S0101（消費者用警告図記号）を参照する。
　　指示図記号の矢印の使用方法は、図3を参照する。

↑	↓	←	→	↖	↗	↙	↘
上方へ 前方へ	下方へ	左方へ	右方へ	左へ上がる 左前方へ	右へ上がる 右前方へ	左へ下がる	右へ下がる

図3　矢印の使用方法

資料 9 開口部の熱負荷に関する資料

1. 開口部の環境特性

1.1 概要

　建築物の主要な部位の一つである開口部・ガラス窓は、建築物の室内環境を大きく左右する要素である。

　ガラス窓は、外界との透視性という、他の建築材料にはないかけがえのない機能を有しており、外気を遮断しながら明るい室内、広い眺望が得られるという最大の特徴を有する材料である。しかし、その一方で、ガラス面を通しての熱損失や日射エネルギーの透過のような熱移動を上手にコントロールしないと、寒い室内、または暑すぎる室内という問題が発生することとなる。快適な室内気候を形成するためには、開口部からの熱の流れをコントロールすることが必要である。

　開口部からの熱移動に関する主要な気候要素としては、気温、日射エネルギー、風、湿気等が上げられる。これら複数の気候要素をコントロールする方法は一様ではなく、地域や季節等に応じた方法が必要とされる。

1.2 熱損失

　建築物に使用される窓ガラスの厚さは、約5〜15㍉程度であり、他の壁体に比べると非常に薄い。ガラス材料としての熱伝導率はそれほど大きい訳ではないが、建築部材として使用される場合の厚さが薄いため、熱貫流率が大きくなり、ガラスを通して出入りする熱エネルギーも大きくなる。冬季のように室内外の温度差が大きい場合、温度差によるガラスからの熱損失も大きくなり、室温の低下や暖房負荷の増大の原因となる。

1.3 昼光の利用と日射熱

　ガラスの最大の特徴は、その透明性にある。自然光を、窓ガラスを通じて建築物の内部に導き、人工的な電灯照明とうまく組合せることで、快適な光環境を実現できる。

　窓ガラスから得られる昼光を照明に利用するということは、電灯照明による化石燃料の消費を削減することにもなる。しかし、ガラスに光が透過するということは、日射熱も透過するということであり、その日射熱エネルギーの利用を考えることが重要となる。冬季においては、窓ガラスから得られる日射熱は暖房の熱源となる。したがって、昼間は日射熱を積極的に室内に取り込み、夜間は室内からの熱損失を少なくすることが必要となる。

　一方夏季においては、窓ガラスからの日射熱が冷房効率を落とす原因となる。

1.4 結露

　冬期、暖房により暖められた水蒸気を含んだ室内空気が、外気温の影響によりガラス表面で冷やされるとガラス表面に結露を生じることがある。

２．ガラスと日射エネルギーについて

太陽の日射光は図１に示すような波長毎のエネルギー分布をしており、このうち人間の目で感じることのできる光はおおむね400nm～700nmまでの波長領域である。

一方、ガラスは各波長毎に透過・反射・吸収する特性が異なり、それにより可視光や日射光の透過反射吸収の性状が異なる。

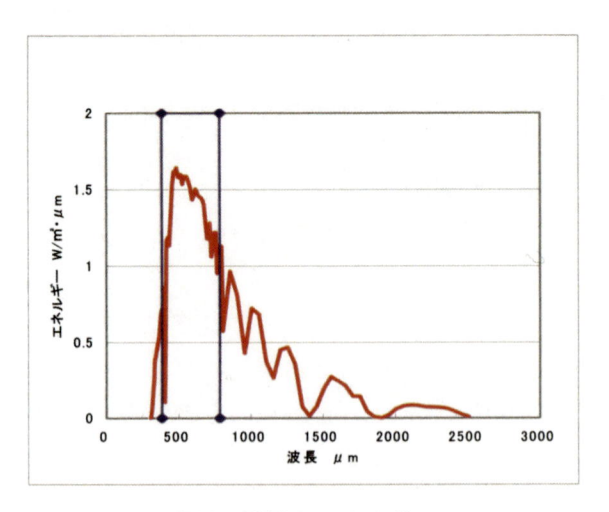

図１　波長とエネルギー

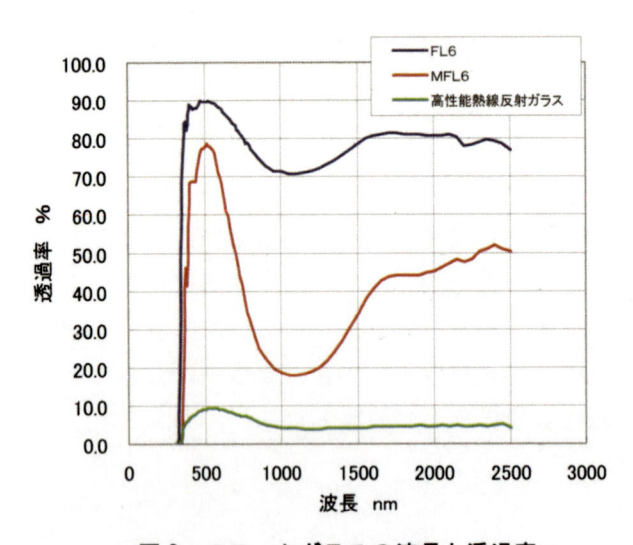

図２　フロートガラスの波長と透過率

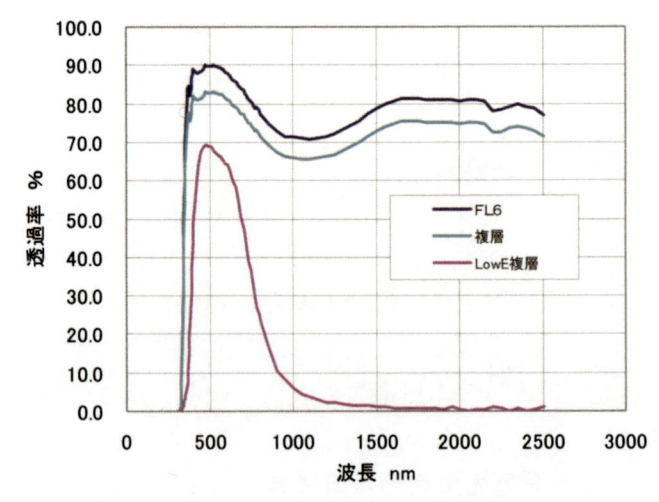

図３　Low-Eガラスの波長と透過率

例えば、図２は通常のフロートガラスの透過特性で可視光、日射光ともによく透過する。一方、夏期の省エネの観点から熱線吸収ガラス、熱線反射ガラスのように日射を積極的に遮る機能を持たせたガラスは可視光線透過率も小さくなる傾向がある。

また、図３のように最近では、ガラスの表面に金属膜を蒸着させることにより、400nm～700nmまでの光は透過させ、それ以外の波長の光はなるべく透過させないLow-Eガラスなどが開発されている。

3．開口部と省エネルギー

3.1 開口部の断熱対策

室内外の温度差による熱損失軽減に対する性能を断熱性能といい、一般的には熱貫流率または熱貫流抵抗（熱貫流率の逆数）が指標として用いられる。

窓ガラスの断熱性を高めるには、具体的に、次の3つの方法が考えられる。

(1) 窓ガラスを複層（多層）ガラスにする。
(2) 断熱性の高いサッシを用いる。
(3) 窓を2重にする。

2枚のガラスの間に断熱性の高い気体（通常は乾燥空気、アルゴンガス等もある）を封入し断熱層を設けたガラスが複層ガラスである。

乾燥空気層6ミリの複層ガラスの熱貫流率(U値)は約 3.3 W/m²K であり、同厚の単板ガラスに比べて2倍近くの断熱効果が得られる。また、体感温度に大きな影響を及ぼす窓からの放射も、効果的に遮ることができる。保温性を高めた高断熱 Low-E 複層ガラスおよび高遮熱断熱 Low-E 複層ガラスは、室内の暖かさを外へ逃がさない保温効果を高めているため、より快適となる。

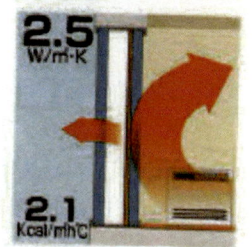

図4　熱貫流率による断熱性能の比較

●熱貫流率

熱貫流率とは、ガラスの内外温度差を 1℃とした場合に、面積 1m² 当たりで貫流する熱量をワットで表した数値である。（単位：W/m²K）

この値が小さいほど断熱性が高いことを意味し、特に暖房負荷の軽減に効果を発揮する。

3.2 窓ガラスの遮熱対策

採光やデザイン、内部の開放感などを考えると、開口部を大きくとる場合が多く、日射熱が夏の冷房効果を落とす原因となる。日射熱の室内への侵入（日射熱取得）を抑制する性能を遮熱性能という。日射熱取得は、ガラスの日射透過率が小さいほど小さくなり、さらに室内側の熱伝達抵抗が大きく、吸収された熱が室内側に放熱されにくいとより小さくなり、遮熱性能が高まる。

遮蔽性能を高めるためには、ガラスに特殊金属膜（Low-E 膜）をコーティングした高遮熱断熱複層ガラスや、熱線反射ガラスを使った複層ガラスが有効である。

●日射熱取得率（日射侵入率）

　日射熱取得率とは、ガラスに入射する日射熱を1.0とした場合、室内側に流入する日射熱（直接透過による熱量と室内側への再放射熱量の和）の割合を示す数値である。日射熱取得率が小さいほど、日射遮蔽性が高く、冷房負荷の軽減効果が高くなる。

　なお、日射熱取得率はガラスの光学・熱性能を定めるJISで規定された値、日射侵入率は、（財）建築環境・省エネルギー機構が作成する『建築物の省エネルギー基準と計算の手引き』で規定された値であり、両者とも同じ意味を示す値である。

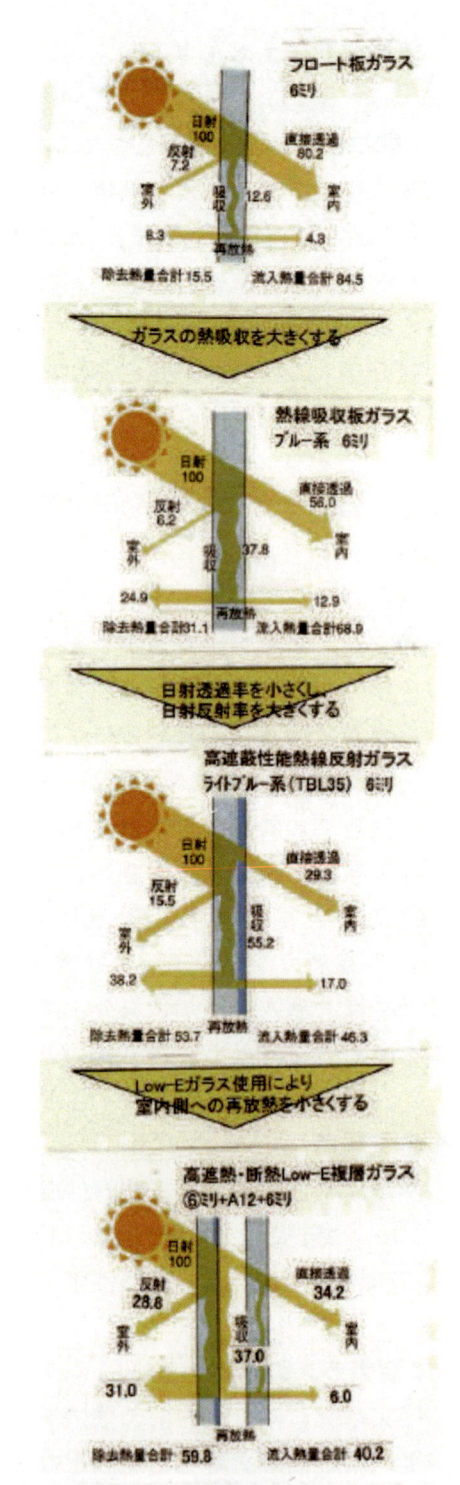

図5　窓ガラスの日射遮蔽性能向上の方法
　　（流入熱量合計＝日射侵入率を小さくする）

3.3 窓ガラスの可視光線透過率

使用用途に応じて、適切にガラスを選択するためには、各ガラスの熱・光学性能値から総合的に判断する必要がある。

日射熱取得率を小さくするということは、可視光線透過率も小さくなる恐れがあり、室内が暗くなる場合もある。ある程度の日射熱取得率を有しながら、可視光線透過率の大きいガラス（高遮熱断熱複層ガラス）を用いることで、より快適な室内空間を設計することができる。表1及び図6に、ガラスの可視光線透過率等に関する参考データを示す。

表1 ガラスの熱貫流率と可視光線透過率

	種類	熱貫流率 (W/m^2K)	可視光線通過率（%）
A	単板ガラス 8ミリ	5.8	87.9
D	複層ガラス（透明）6ミリ＋中空層6ミリ＋6ミリ	3.3	79.6
F	高遮蔽性能熱線反射複層ガラス ⑥ミリ＋中空層6ミリ＋6ミリ	3.1	33.2
G	熱線反射複層ガラス（濃色グレータイプ）⑥ミリ＋中空層6ミリ＋6ミリ	3.3	27.5
H	高断熱 Low-E 複層ガラス 6ミリ＋中空層6ミリ＋⑥ミリ	2.5	69.9

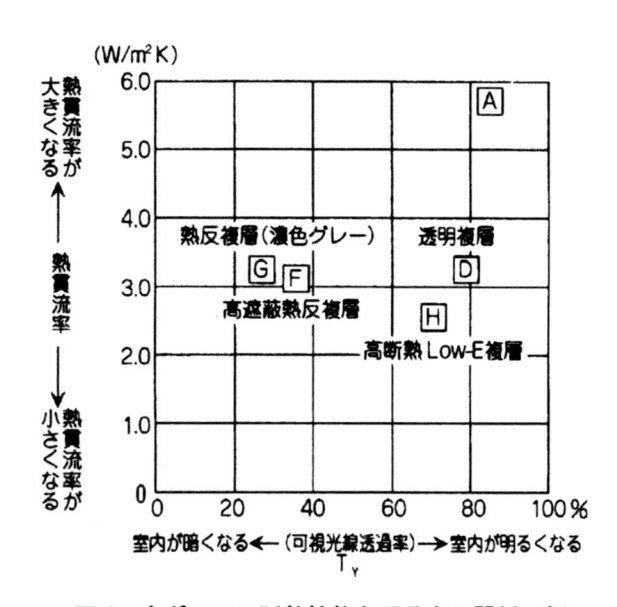

図6 窓ガラスの断熱性能と明るさの関係（例）

3.4 ガラスの熱貫流率と日射熱取得率

建築物の室内熱環境や省エネルギー性能を評価する場合、ガラスの熱性能は、熱貫流率（U値）と日射熱取得率（η値）を指標にするのが一般的である。

窓ガラスから流出する熱損失の低減（暖房負荷の低減）や保温性の向上には、熱貫流率（U値）の小さなガラスが有効となる。また、窓ガラスから流入する日射熱の低減（冷房負荷の軽減）には、日射熱取得率（η値）の小さなガラスを選定するのが有効である。

表2に、代表的なガラスの「熱貫流率」と「日射熱取得率」を示す。

表2 代表的なガラス構成の熱貫流率および日射熱取得率

ガラス品種		呼び厚さ (ミリ)	熱貫流率 U値 (W/m²K)	日射熱取得率 η値
透明板ガラス	フロート板ガラス(FL)	3	6.0	0.88
		6	5.9	0.84
		8	5.8	0.82
	網入・線入	6.8	5.8	0.80
		10	5.7	0.77
熱線吸収板ガラス	ブルー	6	5.9	0.69
		8	5.8	0.64
	グリーン	6	5.9	0.65
		8	5.8	0.59
	グレー(淡色)	6	5.8	0.72
		8	5.8	0.67
	グレー(濃色)	6	5.8	0.62
		8	5.8	0.56
	ブロンズ(淡色)	6	5.8	0.72
		8	5.8	0.67
	ブロンズ(濃色)	6	5.8	0.66
		8	5.8	0.61
熱線反射ガラス	クリア	6	5.9	0.68
		8	5.8	0.67
高遮蔽性能 熱線反射ガラス	シルバー系①	6	4.7	0.23
		8	4.6	0.23
	シルバー系②	6	4.9	0.28
		8	4.9	0.28
	シルバー系③	6	5.0	0.35
		8	4.9	0.35
	シルバー系④	6	5.3	0.41
		8	5.3	0.40
	シルバーグレー系	6	5.4	0.48
		8	5.3	0.48
	ブルー系①	6	5.1	0.41
		8	5.1	0.41
	ブルー系②	6	5.5	0.50
		8	5.5	0.50
	ブルー系③	6	5.3	0.46
		8	5.2	0.46
透明複層ガラス	FL6+A6+FL6	18	3.3	0.74
	FL6+A12+FL6	24	2.9	0.74
	FL8+A6+FL8	22	3.2	0.71
	FL8+A12+FL8	28	2.8	0.71
熱線吸収 複層ガラス	ブルー 8+A6+FL8	22	3.2	0.53
	ブルー 8+A12+FL8	28	2.8	0.52
	グレー(淡色) 8+A6+FL8	22	3.2	0.55
	グレー(淡色) 8+A12+FL8	28	2.8	0.55
	グレー(濃色) 8+A6+FL8	22	3.2	0.44
	グレー(濃色) 8+A12+FL8	28	2.8	0.43
熱線反射ガラス 複層ガラス	クリア 8+A6+FL8	22	3.2	0.57
	クリア 8+A12+FL8	28	2.8	0.57
高遮蔽性能 熱線反射ガラス 複層ガラス	シルバー系① 8+A6+FL8	22	2.9	0.17
	シルバー系① 8+A12+FL8	28	2.3	0.15
	シルバー系③ 8+A6+FL8	22	3.0	0.27
	シルバー系③ 8+A12+FL8	28	2.5	0.25
	ブルー系① 8+A6+FL8	22	3.0	0.32
	ブルー系① 8+A12+FL8	28	2.5	0.30
	ブルー系③ 8+A6+FL8	22	3.1	0.36
	ブルー系③ 8+A12+FL8	28	2.6	0.35
高遮熱断熱 Low-E複層ガラス	グリーン ⑧+A6+FL8	22	2.5	0.41
	グリーン ⑧+A12+FL8	28	1.7	0.40
	クリア ⑧+A6+FL8	22	2.6	0.56
	クリア ⑧+A12+FL8	28	1.8	0.55
高断熱 Low-E複層ガラス	グリーン FL8+A6+⑧	22	2.5	0.47
	グリーン FL8+A12+⑧	28	1.7	0.48
	シルバー FL8+A6+⑧	22	2.5	0.57
	シルバー FL8+A12+⑧	28	1.7	0.57

* 〇印は、Low-E ガラスを示す。

3.5 結露現象

空気中には湿度（水蒸気）が必ず含まれ、その量は絶対湿度、相対湿度、水蒸気分圧により示される。相対湿度は、温度で決まる飽和湿度（ある温度の空気に含まれる最大の水蒸気量）に対する割合で示される。絶対湿度は、乾燥空気1kgに対し、空気中に含まれる水蒸気の重さで表現される。

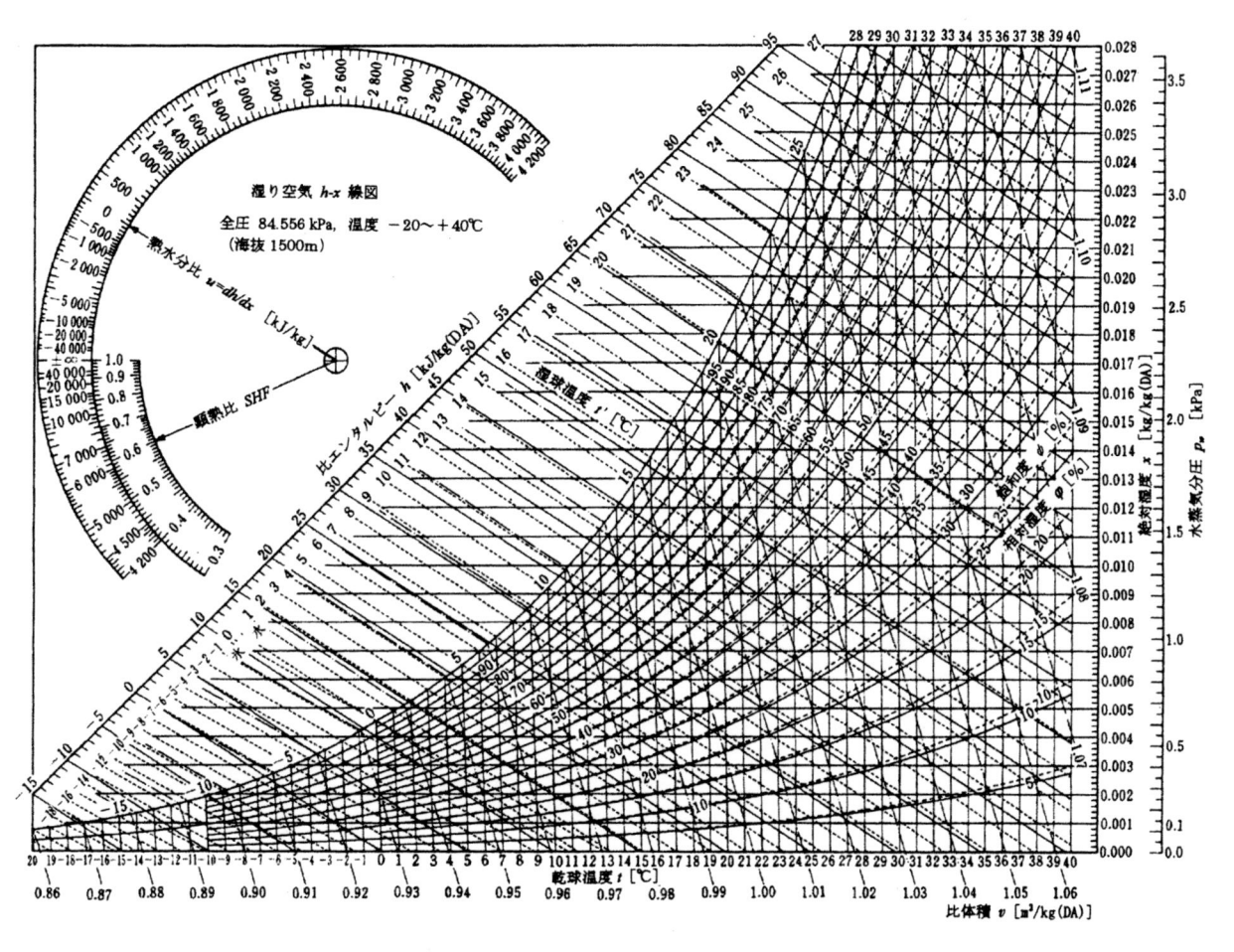

図7　湿り空気線図（便覧13版1（基礎編）より）

冬期、水蒸気を含んだ室内の暖かい空気が外気の影響で冷やされ、ガラス表面の温度における飽和湿度が空気水蒸気量を下回ると、余分な水蒸気が凝結し、ガラス表面に結露が生じる。

図7の湿り空気線図上では、室内の絶対湿度とガラス表面の温度の交点が相対湿度100%の線より左上側にあると結露が生じることとなる。

対策としてはガラスの表面温度を、結露温度以上になるようにすれば良く、複層ガラス、複層Low-Eガラスのような断熱効果の高いガラスを用いることが有効である。

最近では結露により生じる水滴を吸収したり、視認性を確保する目的でガラス面上に均一な水膜を生じさせたりする吸水性、親水性をもつフィルムを装着したガラスもある。

4. 事務所などの省エネルギー基準について

4.1 建築物の省エネルギー基準

「エネルギーの使用の合理化に関する法律」(昭和54年法律第49号)において、建築主は、「建築物の外壁、窓等を通しての熱の損失防止のための措置」、「建築物に設ける空気調和設備等に係るエネルギーの効率的利用のための措置」を的確に実施し、省エネルギーに努めなければならないとされている。これに基づき、「建築物に係るエネルギーの使用の合理化に関する建築主の判断の基準」(平成11年通商産業省・建設省告示第1号。以下、「建築物の省エネ基準」)では、建築主が行うべき措置に関する具体的内容が定められており、「建築物の外壁、窓等を通しての熱の損失の防止のための措置」についてはPAL (年間熱負荷係数)、「建築物に設ける空気調和設備等に係るエネルギーの効率的利用のための措置」についてはCEC (エネルギー消費係数)という指標が定義され、それぞれの基準値が規定されている。

これらの省エネルギー措置に関する届出は、延床面積 $2000m^2$ 以上の全ての建築物の新築、増改築、大規模修繕等の建築主に義務付けられている。

4.2 年間熱負荷係数 PAL

「建築物の省エネ基準」において、「建築物の外壁、窓等を通しての熱の損失の防止のための措置」に関する省エネルギー性の評価には、PALという指標を用いることとなっている。PALとは Perimeter Annual Load の略で、外壁、窓等を通しての外界の気象条件の影響を受ける建築物の内部空間(以下、ペリメータゾーン)における年間熱負荷でもって、外壁、窓等の断熱化の程度を評価するものである。

PALは、ペリメータゾーンの床面積 $1m^2$ あたりの年間熱負荷で表され、PALの値が小さいほど省エネルギーに配慮した建築物であると判断される。このPALの値が、建物用途ごとの判断基準値に規模補正係数を乗じた値以下となるように、外壁、窓等の断熱化を工夫する必要がある。

●PAL算出式

$$PAL = \frac{ペリメータゾーンの年間熱負荷(MJ/年)}{ペリメータゾーンの床面積(m^2)} < 判断基準値 \times 規模補正係数$$

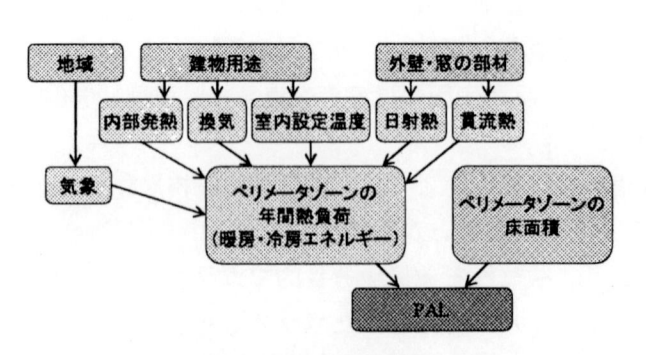

図8 PAL計算の流れ

表3 PALの判断基準値

建物用途	PALの基準値 (MJ/m^2 年)
事務所等	300
学校等	320
病院等	340
集会所等	550
ホテル等	420
飲食店等	550
物品販売業を営む店舗等	380

4.3 PALのポイント法

平成15年4月より「建築物の省エネ基準」が改正・施行され、前節の年間熱負荷係数PALに加えて、比較的容易に算定が可能な「ポイント法」が導入された。これは、延床面積5000m²以下の建築物に適用することができる。

PALのポイント法では4つの項目による評価点数を合計し、さらに用途・地域の区分による補正点を加算して、総合得点を算定する。得点が高い方が省エネルギー性が高いと評価され、総合得点が100点以上である場合に、「建築物の省エネ基準」に適合すると判定される。また、総合得点が80点未満の場合には、省エネルギー措置が著しく不十分であると判定され、その建築物は指示・公表の対象となる。

①配置計画・平面計画による評価
　建築主方位、平面形状、非空調室配置、階高により評価する。
②外壁・屋根の断熱性能による評価
　外壁および屋根部分の断熱性能を各部位における断熱材の施工厚さにより評価する。
③窓の断熱性能による評価
　総合窓熱貫流率 U_t により評価する。

$$U_t = \sum_i \frac{U_i \times a_{wi}}{A}$$

表4　総合窓熱貫流率 U_t

窓の断熱性能による評価点	総合窓熱貫流率, U_t							
	0.25	0.50	0.75	1.00	1.25	1.50	2.00	2.50
一般地域			30		25	20	15	10	5	0
寒冷地域	90	75	60	45	30	15		0
暑熱地域	評価なし							

U_t：総合窓熱貫流率
U_i：部位面 i における開口部の熱貫流率(W/m²K)
a_{wi}：部位面 i の窓面積
A：空調室の外壁面積（窓面積を含み、屋根面積を除く）の合計

④窓の日射遮蔽性能による評価
　総合窓日射侵入率 η_t により評価する。

$$\eta_t = \sum_i \frac{\eta_i \times a_{wi} \times f_i}{A}$$

表5　総合窓日射侵入率 η_t

窓の日射遮蔽性能による評価点	総合窓日射侵入率, η_t						
	0.025	0.05	0.10	0.15	0.20	0.25	0.30
一般地域		90	75	60	45	30	15	0
寒冷地域	50			25			0
暑熱地域	170	140	110	80	50	25	0

η_t：総合窓日射侵入率
η_i：部位面 i における開口部の日射侵入率
a_{wi}：部位面 i の窓面積
f_i：部位面 i の日よけ効果係数
A：空調室の外壁面積（窓面積を含み、屋根面積を除く）の合計

⑤用途・地域の区分による補正
　建物用途と地域の区分により補正点が定められている。
用途区分：ホテル、病院、物販店舗、事務所、学校、飲食店、集会所
地域区分：寒冷地域（北海道、青森県、岩手県、秋田県）、暑熱地域（沖縄県、鹿児島県トカ

ラ列島、奄美大島、東京都小笠原支庁)、一般地域(上記以外)

4.4 板ガラスの熱性能値

　PALの計算には、外壁、窓等の熱貫流率および日射侵入率の値が必要となる。ガラスについては、『建築物の省エネルギー基準と計算の手引き』((財)建築環境・省エネルギー機構)に各ガラス品種の熱貫流率および日射侵入率の値が記載されているので、この値を用いる。

5. 新しい窓システムについて

　最近の特に事務所ビルのような建築物においては、ペリメータゾーンの熱負荷軽減と温熱快適性向上を目的とする新しい窓システムが導入されている。これは「ペリメータレス方式」と呼ばれ、ペリメータ用空調機を省略し建築的な工夫で窓からの貫流熱や日射遮蔽・日射取得をコントロールするものである。

●ダブルスキン方式

　窓の外側にもう一層のガラス面を設け、その中間層にブラインドやルーバーなどの遮蔽物を設けて直接透過日射を制御する。冷房時には、遮蔽物で吸収された日射熱を通気により外部に排出することで、室内への日射熱の侵入を抑えることができ、日射遮蔽性能を向上させる。逆に、暖房時には、中間層に貯まった熱により窓際の冷放射やコールドドラフトを軽減したり、中間層の暖まった空気を空調に利用したりすることができ、断熱性能と日射取得性能が向上する。

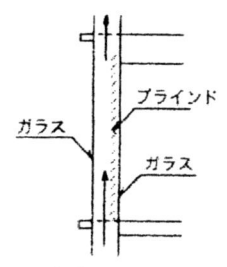

●エアフローウィンドウ方式

　窓ガラスの内側にブラインドなどの遮蔽物ともう1層のガラス面を設けて、ダブルスキン方式と同様に中間層に空気を流して窓の熱的性能を高めたものである。通常、内側のガラス面は開閉でき、中間層内部の清掃ができるようになっている。

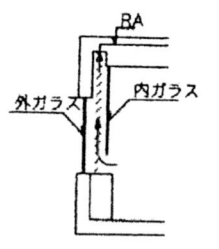

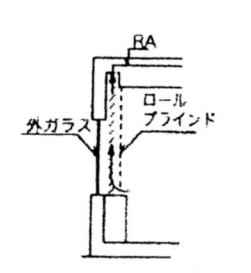

●簡易エアフローウィンドウ方式

　エアフローウィンドウ方式の内側のガラス面の代わりに、ロールスクリーンを使用したものである。エアフローウィンドウ方式に比べて、建設費を低くすることができる。

●エアバリア方式

　窓ガラスは1層であるが、窓の下部に置かれたファンから送風空気を吹き上げ、窓の上部から吸い込む方式により、窓ガラスとブラインドとの間の通気を確実に行おうとするものである。

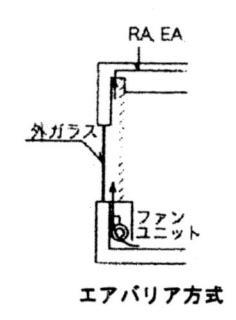

図9　ペリメータレス方式窓

資料 10　屋上緑化に関する資料

(『建築工事監理指針（平成16年版）』((社)公共建築協会) より一部修正)

1. 屋上緑化の効果

(1) 建築物そのものに対する効果（景観向上、防災、省エネルギー・建築物の保護）
(2) 利用者に対する効果（騒音低減、安らぎ感の向上）
(3) 周辺環境に対する効果（景観形成、環境保全（都市気象の改善、自然性の向上））

2. 設置場所の環境条件

屋上の建築物緑化は、植物にとって厳しい環境条件となるため設置される場所の環境圧に耐えられる樹種の選定を行うとともに、植物に適した土壌の選定や人工土壌に適切な管理が求められる。表1に、屋上庭園の場合の環境圧について示す。

表1　屋上庭園の事象と環境圧

事象	環境圧
強風	成育阻害、風倒
潮風	成育阻害、形姿不良
構造物による日影	日照不足による成育阻害
構造物からの光反射	植物の"裏側"の日焼け
排気、排煙	排気熱、有害ガス
盛土層	土層厚の制限 有効水分の不足 土壌栄養の貧化 排水不良

3．屋上緑化工法の概要

（a）設計上の注意事項
(1) 風や日照、雨水等の環境条件を考慮するとともに設備機器、避難通路等を検討して緑化位置の設定と支柱の方法を検討する。
(2) 植栽荷重は、植物の生育による荷重増も見込み、配置においては、偏在させず広く分散させるようにし、特に重い部分については、なるべく柱や梁で受け止めるようにする。
(3) 土壌と接する部分及び排水ドレンの水仕舞の施工には特に注意し、建物内部への漏水を防ぐ。
(4) 植物の維持に必要な水分の補給のためのかん水設備を設ける。
(5) 降雨等の余剰水を排水するための排水勾配、排水方法に留意し、植栽基盤内に水を長期間滞留させないようにする。
(6) 人工地盤の植栽は、比較的に高い位置にあることによる自然の強風や、周囲の高い建築物からのビル風、日陰の影響を受けやすいので、植栽の位置、樹種、養生、維持管理方法を事前に検討する。また、土壌の飛散防止対策についても配慮する。
(7) 夜露の当たらない場所は、樹木が枯れやすいので注意する。
(8) 防水層に保護層を設け、根の伸長に耐えられる構造（表5参照）とする。なお、防水層に侵入しやすい竹、笹等の場合は特に耐根対策に配慮する。

（b）必要土壌厚
　建築物緑化では、植物の大きさに応じて必要土壌厚を確保しなければならない。植物の大きさによる必要土量を表2に示すが、表のCとなる土壌の厚さが望ましい。しかし、耐荷重、屋上構造物に伴う盛土可能高さ等に制限を受け、必要な土壌を確保することが困難な場合は、かん水装置等を設置し対応することが考えられる。また、土壌厚に応じた支柱の方法を設定する必要がある。
　なお、荷重計算には、土壌等の湿潤質量を用い、樹木の質量は、植栽後の生長量を考慮して計算しなければならない。荷重計算に必要な各要素の比重を表3に示す。

表2　植物の大きさによる必要土量（『最先端の緑化技術』（ソフトサイエンス社、1989年）による）

(1)芝　　草	A	C	C	C	C	C
(2)小　低　木	―	A	C	C	C	C
(3)大低木・中木	―	A	B	C	C	C
(4)浅根性高木	―	―	A	B	C	C
(5)深根性高木	―	―	―	A	B	C

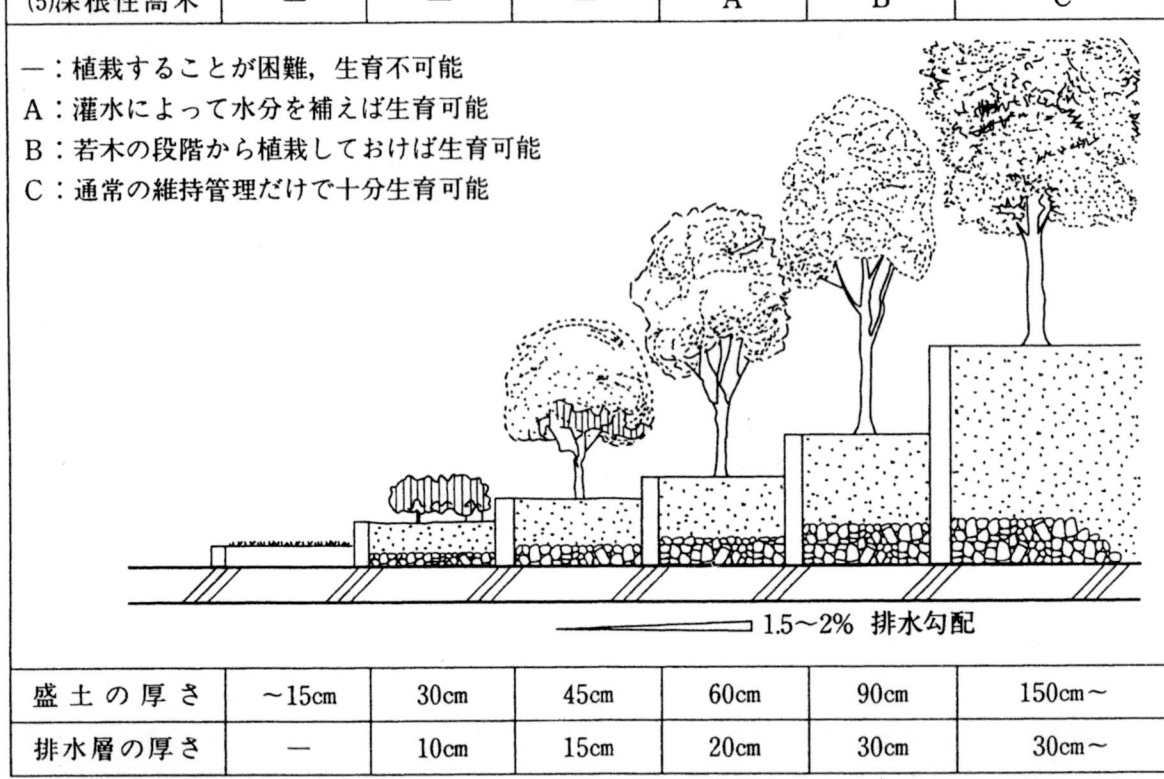

―：植栽することが困難，生育不可能
A：灌水によって水分を補えば生育可能
B：若木の段階から植栽しておけば生育可能
C：通常の維持管理だけで十分生育可能

1.5〜2% 排水勾配

盛土の厚さ	〜15cm	30cm	45cm	60cm	90cm	150cm〜
排水層の厚さ	―	10cm	15cm	20cm	30cm	30cm〜

表3　荷重計算に必要な各要素の比重（『新・緑空間デザイン技術マニュアル』（誠文堂新光社、1996年）による）

土　壌	湿潤時の比重	排水材，見切り材	比　重
一般土壌	1.6前後	黒曜石系パーライト	0.2前後
30%軽量材混入改良土壌	1.3前後	火山砂利	0.8〜1.4
50%軽量材混入改良土壌	1.1前後	砂利，砂	1.7〜2.1
人工軽量土壌	0.7前後	コンクリート	2.3前後
真珠岩系パーライト	0.6前後	レンガ	2.0前後
バーミキュライト	0.6前後	御影石	2.8前後
ピートモス	0.8前後	木材	0.9〜1.1

(c) 排水方式の概要

排水においては、水勾配、排水口の箇所数を適切に設定するとともに、土壌と排水層との間に不織布を入れ、土壌が排水層に入り込まないようにする。表4及び図1に各排水方式の概要を示す。また、屋上緑地での排水関係詳細図の例を図2に示す。

表4 植栽基盤と排水層との関係（『新・緑空間デザイン技術マニュアル』による）

雨水の状況	水抜き穴の位置	植栽基盤と排水層との関係	工法・特徴
排水型	最低部	分離型植栽基盤	・一般に広く利用されている基盤構造。 ・土壌が薄い場合や保水性の低い土壌を使用した場合、乾燥害が出やすいので灌水設備が必要となる。
		一体型植栽基盤	・特殊な人口軽量土壌で利用されている基盤構造。 ・施工性が良い。一般土壌ではムリ。
貯留排水型	最低部	分離型植栽基盤	・特殊な排水資材を利用した基盤構造。 ・根腐れの心配が少なく貯留できる。土壌の種類を問わない。下からの水の補給により乾燥害が少なくなる。省資源タイプ。
	中間	分離型植栽基盤	・下部に水を溜め、余分な水を排出する基盤構造。 ・根腐れ防止の処置が必要。施肥などによる塩類が集積しやすくなるので注意する。下からの水の補給により乾燥害が少なくなる。省資源タイプ。
貯留型	なし	一体型植栽基盤	・ハイドロカルチャーなど特殊な基盤構造。 ・屋外ではむずかしい。排水口の設置がむずかしい。屋内緑化に向く。根腐れ防止の処置が必要。

㋑ 排水型（最低部）　　　　　　㋺ 貯留排水型（中間）

㋩ 貯留排水型（最低部）　　　　㋥ 貯留型（なし）

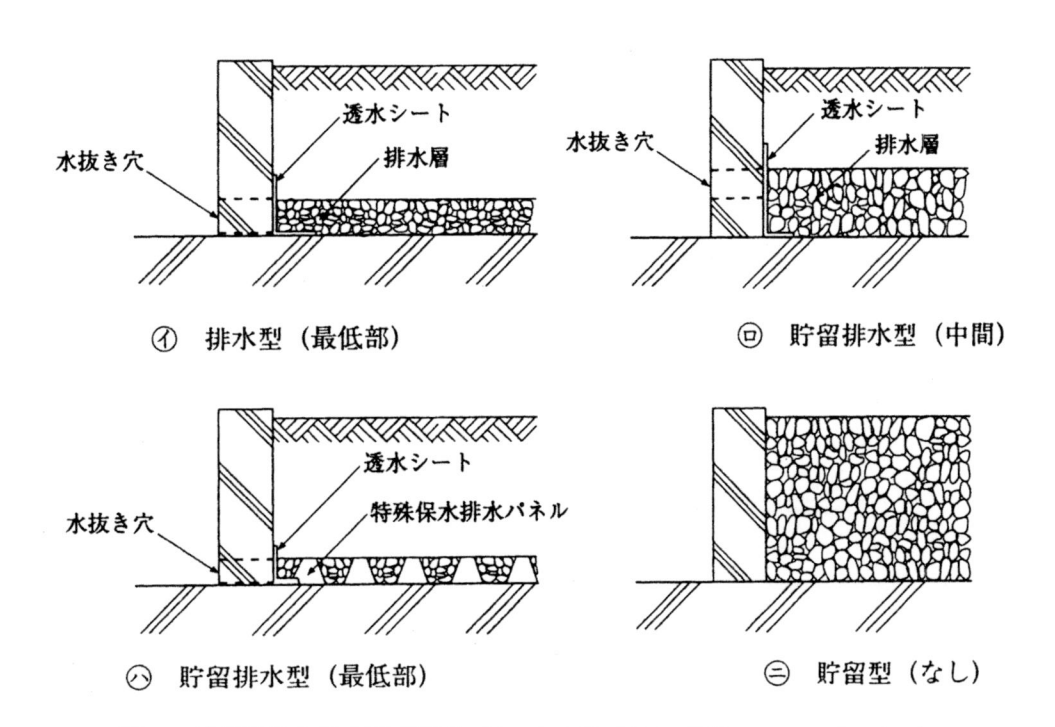

図1 植栽基盤と排水層の関係（『新・緑空間デザイン技術マニュアル』による）

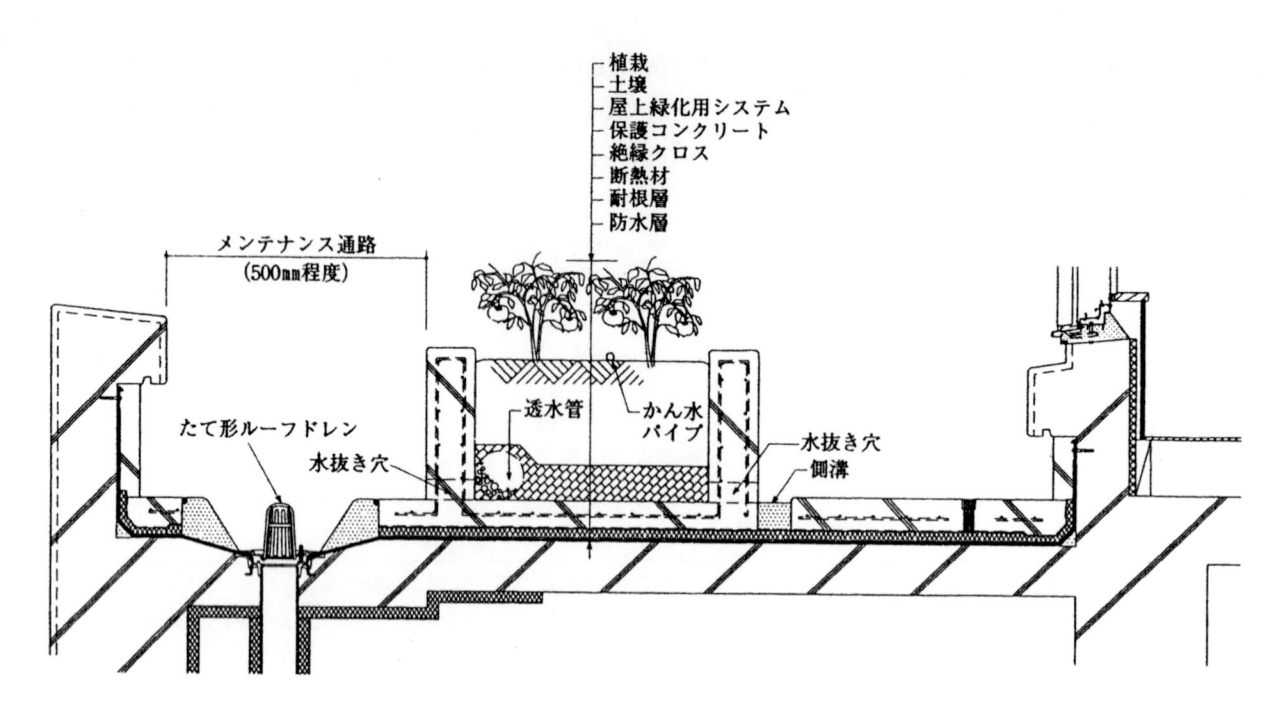

イ 一般的な屋上緑化の場合の例

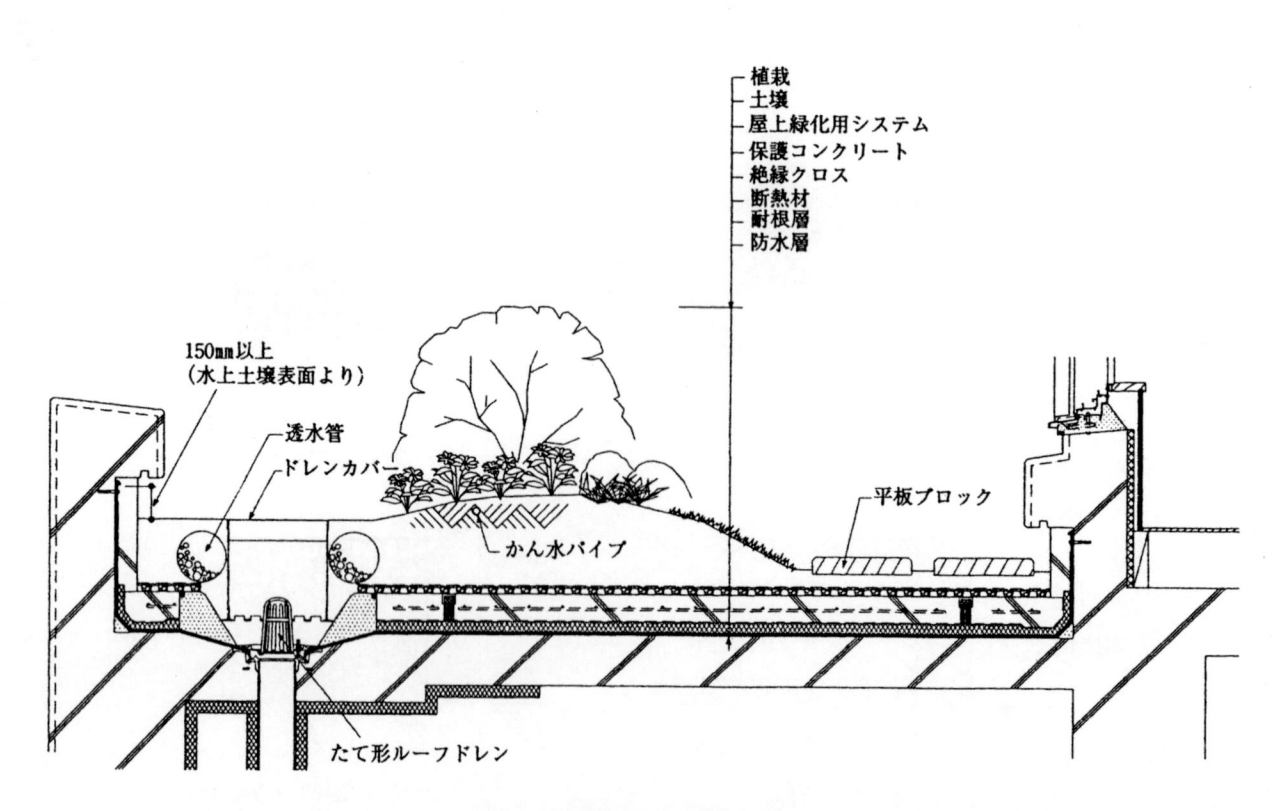

ロ 全面客土の場合の例

図2 屋上緑地での排水関係詳細図の例（その1）

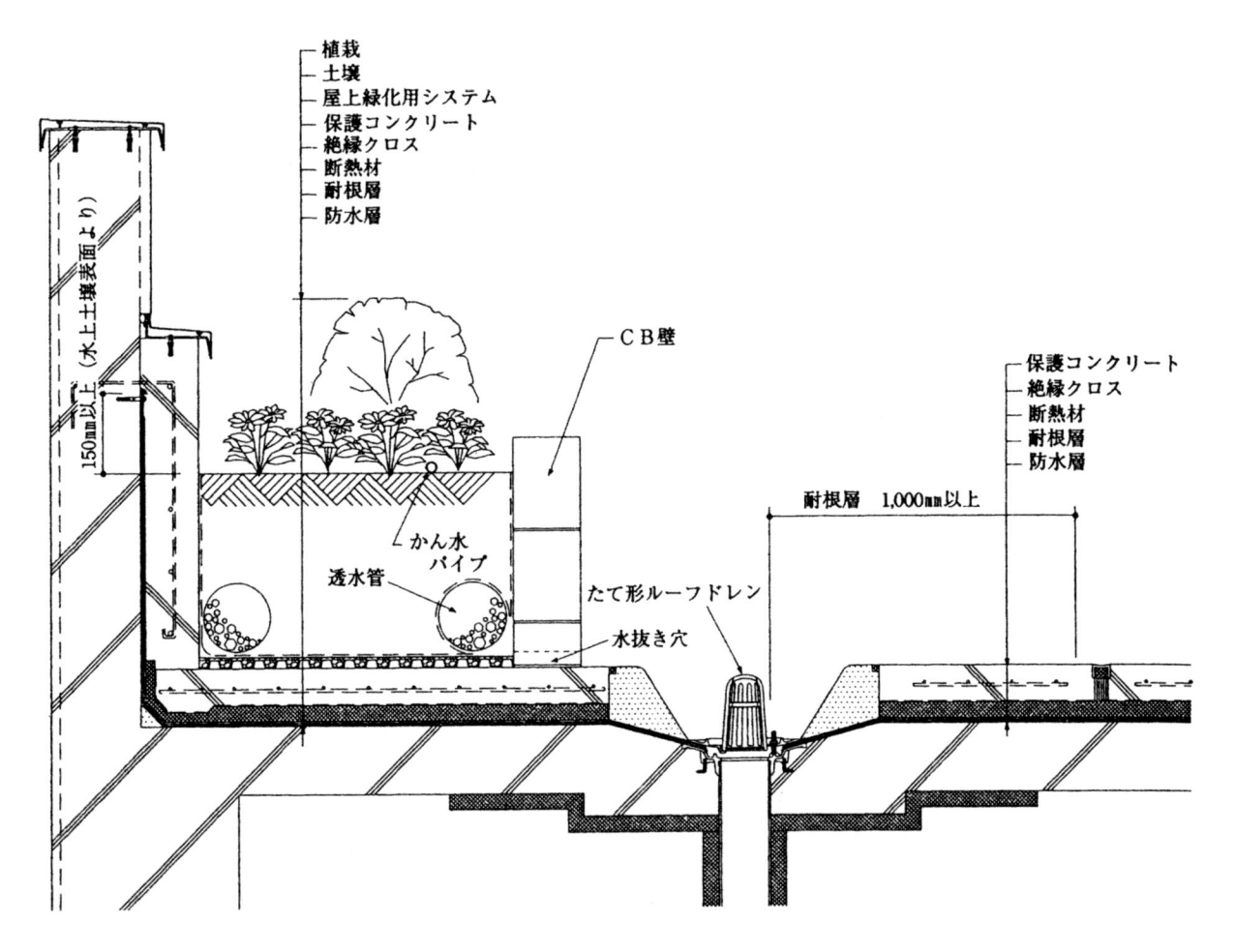

（ハ）　壁際の緑化の場合の例

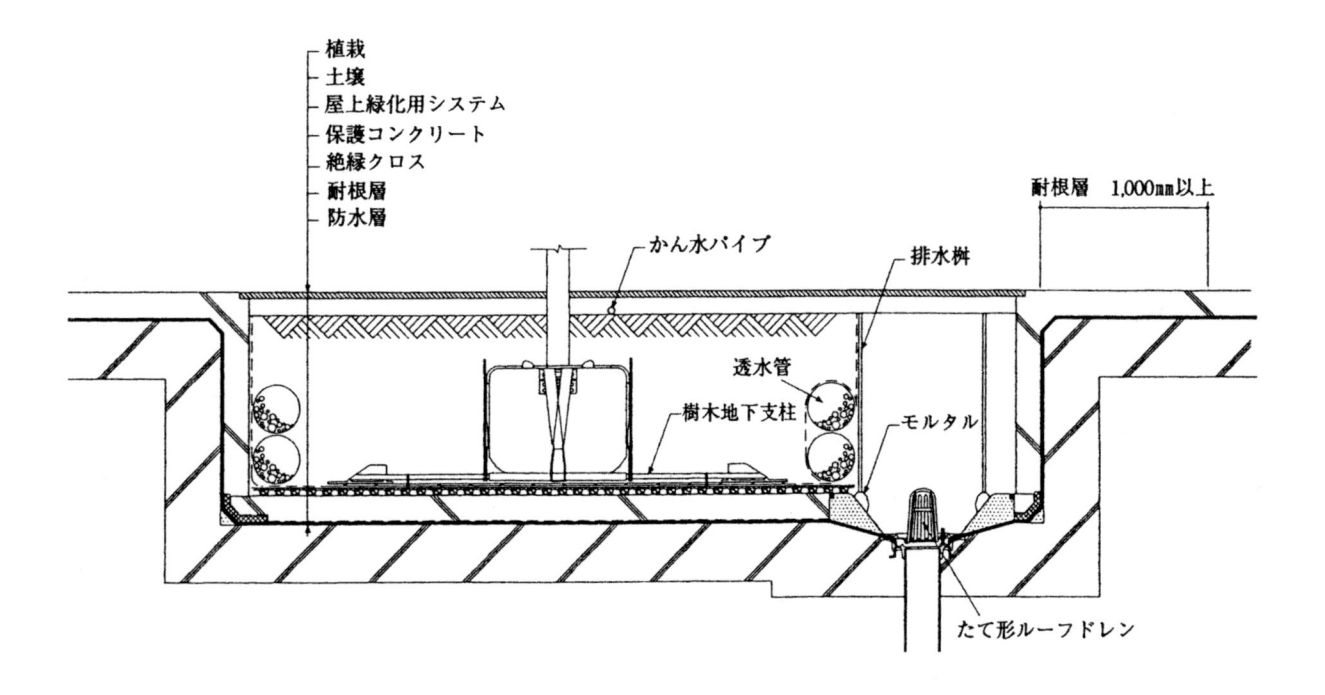

図2　屋上緑地での排水関係詳細図の例（その2）

（d）耐根対策

耐根対策として、防水層の上に耐根用のシート等を敷き込む。また、防水立上り部の防水層に根が侵入しないよう防水立上り部と盛土間にも敷き込む。耐根シート等の種類を表5に示す。

表5　耐根シートの種類（『新・緑空間デザイン技術マニュアル』から一部修正）

耐根方法	透水性	材料特性・特徴
物理的に耐根	不透水性系シート	ポリエチレンフィルム（0.4 mm）などを使用し、植栽基盤の排水層の下に敷設または接着、接合部はオーバーラップを充分にとる。立上り部は立上り部に接着する。
	透水性系シート	厚さ5～10 mmの不織布などを使用し、植栽基盤の排水層の上に敷設。工法によっては下に敷設することもある。
化学的に耐根	透水性系シート	化学物質で根の進入を防止するシート（20～30年有効）を使用し、植栽基盤の排水層の上に敷設。

（e）マルチング材

マルチングとは、植込地の土壌を被覆すること。植物の根元に敷わら、こも、樹皮チップ等を敷き均すことにより、乾燥防止（水分蒸発防止）や地温調節、雑草の発生防止、土壌の飛散防止等の効果がある。また、踏圧防止や美観上の目的でマルチング材を敷くことが多い。

（f）かん水設備

建築物周辺の植栽地盤の土壌の厚さは、植物の要求する必要土壌厚がとれない場合が多く、かん水設備を設けて常時かん水する必要がある。特に人工地盤等では地中からの水分の供給がなく乾燥害の影響を受けやすい。したがって、かん水装置の種類、維持管理体系に伴うかん水方法、かん水装置の設置場所を考慮して、省力化を前提に建築物緑化に最適なかん水装置を計画することが望まれる。

（g）支柱

樹木の支柱は、風等の影響による倒伏の防止、また、樹木の揺れを押さえ、樹木の活着を促すために設ける。

屋上や高層ビル周りのような風の強い場所では、風除け支柱の設置が必要となる。人工地盤上での風除け支柱は、土壌の厚さが十分でない場合や、人工軽量土壌使用に際しては、従来型の風除け支柱では倒れてしまうおそれがある。そこで樹木地下埋設形、根鉢固定方式形や構造物にアンカーを取り付けたワイヤー支柱方式等が用いられる。

建 築 設 計 基 準 及 び 同 解 説

平成 18 年版

平成 18 年 10 月 24 日　第 1 刷　発行	定価 3,771 円（10％税込）
令和 6 年 3 月 3 日　第 4 刷　発行	送料実費

〔検印省略〕

監　　修　　国土交通省大臣官房官庁営繕部整備課

編集・発行　　社団法人　公　共　建　築　協　会
　　　　　　　〒102-0093　東京都千代田区平河町 1 - 7 - 20
　　　　　　　　　　　　　平河町辻田ビル

　　　　　　　電　話　03（3234）6265（代）
　　　　　　　FAX　03（3239）3786
　　　　　　　URL　http://www.pba.or.jp/

発　売　元　　株式会社　建　設　出　版　セ　ン　タ　ー
　　　　　　　〒101-0052　東京都千代田区神田小川町 2 - 8
　　　　　　　　　　　　　光輪ビル

　　　　　　　電　話　03（3293）8255
　　　　　　　FAX　03（3295）1130
　　　　　　　URL　http://www.kensetsu-sc.co.jp/

Ⓒ 社団法人 公共建築協会 2006　　　　印刷・製本／三光デジプロ
※　無断での転載、複製を禁じます。
ISBN 4-905873-22-3